24.–

SOZIALE DREIGLIEDERUNG:
DER WEG ZU EINER
LERNENDEN GESELLSCHAFT

CHRISTOF LINDENAU

Soziale Dreigliederung: Der Weg zu einer lernenden Gesellschaft

Ein Entwurf zum anthroposophischen Sozialimpuls

VERLAG FREIES GEISTESLEBEN

CIP-Kurztitelaufnahme der Deutschen Bibliothek

Lindenau, Christof:
Soziale Dreigliederung: Der Weg zu einer lernenden Gesellschaft / Christof Lindenau. – Stuttgart: Verlag Freies Geistesleben, 1983.
ISBN 3-7725-0792-1

Gesamtherstellung: Greiserdruck, Rastatt

Inhalt

Vorwort

Die Arbeit an dem nachfolgenden Entwurf zum anthroposophischen Sozialimpuls begleitet mich seit 1973. Sie führte in den ersten vier Jahren zu einer Forschung, welche besonders die menschenkundlichen Grundlagen gesellschaftlicher Vorgänge betraf und deren wichtigste Ergebnisse ich unter anderem in einigen Zeitschriftenaufsätzen zusammengefaßt habe. Von 1979 an entstand dann die hier vorgelegte Gestalt.

Während ich mit der Reinschrift beschäftigt war, wurde Ende 1981 in den Gesprächen des Montagskreises der Bochumer anthroposophischen Bankeinrichtungen, denen ich für das Anschauen der verschiedenartigsten sozialen Probleme außerordentlich viel verdanke, an den drei volkspädagogischen Vorträgen Rudolf Steiners (GA 192) gearbeitet. Im zweiten dieser Vorträge lesen wir: *Dasjenige, worauf es ankommt, das ist, daß wir eine Arbeitsweise finden, wo gelernt wird zu lernen. Zu lernen sein ganzes Leben hindurch vom Leben. Es gibt nichts im Leben, wovon man nicht lernen kann. Wir stünden auf einem andere Boden heute, wenn die Menschen gelernt hätten zu lernen.* (Rudolf Steiner gebrauchte anstelle des Wortes «Arbeitsweise» hier das Wort «Pädagogik»; aber damit ist bei ihm gerade kein Lehrgebäude, sondern eben eine Arbeitsweise gemeint.) Zu einer solchen das Lernen vom Leben erübenden Arbeitsweise will der nachfolgende Entwurf einen Beitrag leisten.

Obwohl er insbesondere auf eine Einsicht in die Fundamente der von Rudolf Steiner vertretenen «Dreigliederung des sozialen Organismus» hinarbeitet, wird er in Form und Inhalt manchem ungewohnt sein, der sich schon lange mit dem Problem einer dreigliedrigen Gesellschaftsgestaltung befaßt. Und er wird, wie meine bisherigen Beiträge in dieser Richtung, gewiß nicht auf ungeteilte Zustimmung stoßen. Ich glaube jedoch, daß es darauf nicht ankommt. Zunächst kommt es jedenfalls darauf an, daß die soziale Dreigliederung überhaupt als eine Arbeitsweise angesehen wird, die geeignet ist, das Lernen vom Leben zu lernen. Alles andere – auch ein produktives Verhältnis zu dem hier Dargestellten – wird sich dann schon finden.

Das unmittelbare Interesse einer Anzahl von Menschen, das Teile des hier Vorgetragenen bei Gelegenheit mündlicher Darstellungen in der Sozialwissenschaftlichen Sektion der Freien Hochschule für Geisteswissenschaft am Goetheanum in Dornach (Schweiz) gefunden haben, ließ mich hoffen, daß der so aufgezeigte Weg nicht nur für mich, sondern auch für andere eine Bedeutung haben könne. Darüber hinaus haben innerhalb wie außerhalb der Sektion einige Persönlichkeiten – trotz anfänglicher Vorbehalte – inzwischen begonnen, diesen Weg selber zu gehen. Ihr Vertrauen in seine Tragfähigkeit hat mich am unmittelbarsten bewogen, die hier vorliegende umrißhafte Darstellung zu versuchen. Unter ihnen gilt meine Dankbarkeit insbesondere Thomas Göbel, mit dem zusammen ich seit einigen Jahren ein innerhalb der Sozialwissenschaftlichen Sektion der Freien Hochschule veranstaltetes Seminar über soziale Menschenkunde als Schulungsweg gestalte.

Die täglich sich erneuernde Einsicht aber, wie bitter notwendig nicht nur für die Bewegung für soziale Dreigliederung, sondern eben für die Gegenwart und Zukunft der menschlichen Gesellschaft selbst das Suchen und Finden eines vom «Lernen aus Büchern» zum «Lernen vom Leben» führenden Weges ist, hat mich dann schließlich die Arbeit an dieser Darstellung auch gegen das vielfach Unzureichende eines solches Versuches durchhalten lassen. Denn letzten Endes ist es für das Anliegen des hier gemeinten Entwurfes nicht so wichtig, wie gut dieser oder jener Zusammenhang schon bzw. wie schlecht er noch zum Ausdruck kommt. Wichtig ist für dieses Anliegen vor allem, was er im Leser an selbständigem Denken und Urteilen anregt. Und noch wichtiger, was der Leser für sein eigenes Leben und für das Leben anderer Menschen aus dem so Angeregten macht.

Ostern 1982 Christof Lindenau

Zur Aufgabenstellung

> Wer sich für den Brückenbau schlecht vorbereitet, dem wird sein Mangel bald klarwerden, wenn er an die Praxis herantritt. Er wird sich als Pfuscher erweisen und überall zurückgewiesen werden. Wer sich aber für das Wirken im sozialen Leben schlecht vorbereitet, dessen Mängel können sich nicht so schnell erweisen. Schlecht gebaute Brücken stürzen ein; und dem Befangensten ist dann klar, daß der Brückenbauer ein Pfuscher war. Was aber im sozialen Leben verpfuscht wird, das zeigt sich nur darinnen, daß die Mitmenschen darunter leiden. Und für den Zusammenhang dieses Leidens mit dem Pfuschertum hat man nicht so leicht ein Auge wie für das Verhältnis zwischen Brückeneinsturz und unfähigem Baumeister.
>
> *Rudolf Steiner*
>
> (in GA 34, Geisteswissenschaft und soziale Frage)

Für einen jeden, der von den schmerzlichen Vorgängen unserer gesellschaftlichen Gegenwart lernen will, lehren die sich steigernden Spannungen, plötzlichen Umbrüche und jähen Katastrophen zuallererst dies: daß wir aus den Ereignissen, in denen sie sich lange vorbereitet haben, bisher nichts – oder eben nicht zureichend – gelernt haben. *Wie aber lernen wir – zu lernen?* vor diese Frage finden wir uns gestellt.

Schon ein erstes Abwägen ergibt, daß in dieser Frage ein im Grunde zukunftsentscheidendes Problem bewußt werden will; ein solches, das, so lange es ungelöst bleibt, auch eine menschenwürdige Lösung aller anderen Probleme verhindert. Und in der Tat: Woher sollen denn die notwendigen Erfahrungen, Einsichten und Fähigkeiten, die wir zur Lösung gegenwärtiger und künftiger Problemstellungen brauchen, auch kommen, solange wir ohnmächtig sind, die Erfahrungen der Vergangenheit wirklich zu verarbeiten; ja, solange wir uns diese Ohnmacht nicht einmal eingestehen?

Es ist allerdings richtig, daß schon ein entschlossenes Akzeptieren der Folgen der Vergangenheit bereits zu einem Anfang solchen

Verarbeitens führen kann. Von diesem selber aber kann erst dann die Rede sein, wenn wir uns nicht mehr bloß damit begnügen, jeweils nach dem oder nach den «Schuldigen» zu suchen; und im übrigen lediglich nach den gesetzgeberischen oder auch nur verwaltungstechnischen Möglichkeiten Ausschau halten, jene Folgen entweder zu bekämpfen oder uns ihnen anzupassen. Unsere Frage muß vielmehr sein, von welchen Ursachen sie die Wirkung, von welchen Bedingungen sie die Folge sind, nach welchen Gesetzmäßigkeiten hier Ursache und Wirkung, Bedingung und Folge verknüpft sind und welche Voraussetzungen geschaffen werden müssen, um für die Zukunft diese Wirkungen und Folgen günstig zu beeinflussen.

Gewiß, weder an Bemühungen, vom Leben eingelernte Traditionen fortzusetzen, noch an Versuchen, begrifflich eingeübte Ideologien durchzusetzen, hat es bisher gemangelt. Eine lebensgemäße Lösung der bedrückenden – und nicht zuletzt von erblindeten Traditionen und uns blendenden Ideologien verursachten – Probleme unserer gegenwärtigen Gesellschaft kommt jedoch nur zustande, wenn wir fähig werden, einen fortwährend für neue Erfahrungen offenen Lernprozeß zu entwickeln. Einen solchen, der sich selbstkritisch gleich weit von jeder bloßen Tradition wie von jeglicher bloßen Ideologie entfernt hält. Kritische Besonnenheit ist hier allerdings schon deswegen nötig, weil Traditionen wie Ideologien, gleich welcher Art, uns fortwährend glauben machen wollen, daß ein solcher weltoffener Lernprozeß eigentlich unnötig sei, – falls wir uns nur zureichend darum bemühen würden, der vorgegebenen Tradition «getreulich zu folgen» bzw. die vorgedachte Ideologie «tatkräftig zu verwirklichen».

Wie aber lernen wir, so zu lernen?

Am allerwenigsten will der Weg, der hier zur Arbeit an dieser Frage vorgeschlagen wird, den Leser mit den gewiß notwendigen Informationen über die gesellschaftlichen Zustände und sozialen Notstände der Gegenwart versorgen. Dies geschieht, gemessen an der allgemeinen Hilflosigkeit, solche Informationen auch nur im bescheidensten Sinne schöpferisch zu verarbeiten, innerhalb der heutigen Buch- und Zeitschriftenliteratur bereits in reichem Maße. Mag an dieser, auch vom Gesichtspunkt des vorliegenden Entwurfes, noch vieles auszusetzen sein; wer bereit ist, zur Kenntnis zu nehmen, daß wir in einer äußerst problematischen Zeit leben, hat reichlich Gelegenheit dazu. Der hier einzuschlagende Weg möchte hingegen die Voraussetzungen dafür schaffen, daß diese Gelegenheit auch sinnvoll ergriffen wird. So beispielsweise indem er versucht, Schulungsmöglichkeiten zu einem eigenständigen Verarbeiten dieser Informationen aufzuzeigen. Das ist schon deswegen bitter notwendig, weil das Überangebot an Information heute bereits bei vielen Menschen in eine subtile Abstumpfung des Bewußtseins für soziale Notstände umschlägt. Die Vorbereitung zu einem solchen Verarbeiten läßt sich allerdings weit eher im Durcharbeiten der alleralltäglichsten Erfahrungen durchführen als an dem, was in unseren Nachrichtenmedien Schlagzeilen macht.

Das ureigene Anliegen des hier gemeinten Weges aber ist, in jedem, der ihn betritt, bisher verborgene, weil vorerst nur keimhaft veranlagte soziale Fähigkeiten so aus- und weiterzubilden, daß sich aus seinem eigenen Wahrnehmen und Erkennen echte Ansätze zu einer menschenwürdigen Gestaltung der menschlichen Gesellschaft ergeben.

Die entscheidende Grundlegung des hier beschriebenen Weges und mannigfaltigste Anregung zu seiner Ausgestaltung verdanken wir dem anthroposophischen Impuls zur Dreigliederung des gesamtgesellschaftlichen Organismus. Von diesem wird daher im folgenden insbesondere die Rede sein. Damit ist jedoch zugleich eine Schwierigkeit verbunden. Als der Begründer der Anthroposophie, Rudolf Steiner, im April 1919 seine Schrift «Die Kernpunkte der sozialen Frage in den Lebensnotwendigkeiten der Gegenwart und Zukunft» (GA 23) veröffentlichte, wurde sie – nach seiner eigenen Aussage – auf allen Seiten im Grunde mißverstanden. So hat man namentlich, wie er im letzten seiner öffentlichen Vorträge im deutschen Sprachraum über die soziale Dreigliederung ausführte, seine lediglich zur Illustration der Hauptsache gemachten Vorschläge für diese oder jene soziale Einrichtung für die Hauptsache selber genommen (GA 83, 11. 6. 1922). Um nun hier nicht dem gleichen Mißverständnis zum Opfer zu fallen, suchen die vorliegenden Ausführungen streckenweise bis in die Wortwahl hinein sich von der damals von Rudolf Steiner gewählten Darstellungsweise zu lösen bzw. in diese erst auf eine neue Weise behutsam einzuführen. (Zum Anliegen der Anthroposophie in diesem Zusammenhang vgl. Anmerkung 1, Seite 152.)

Aus dem genannten Grunde liegen auch gegenwärtig die Auffassungen über die soziale Dreigliederung noch weit auseinander. Immerhin aber besteht, so viel sich sehen läßt, eine Übereinstimmung darin, daß es sich dabei jedenfalls um ein dreimal verschiedenes Gestalten und Verwalten von drei unterschiedlichen Bereichen des gesellschaftlichen Lebens handelt, und weiter darin, daß dieses Gestalten und Verwalten Aufgabe der jeweils in diesen Bereichen unmittelbar beteiligten Menschen selbst ist. Mithin handelt es sich bei der Dreigliederung des sozialen Organismus um drei verschiedene Arten von Selbstverwaltung, deren jede einen anderen Lebensbereich der menschlichen Gesellschaft umfaßt.

Worin aber im einzelnen die drei verschiedenen Arten von Selbstverwaltung bestehen und wie die entsprechenden gesellschaftlichen Lebensbereiche zu beschreiben sind, darüber sind auch heute noch die Meinungen weit voneinander entfernt. So sehr nun einerseits zu bedauern ist, daß eine Übereinstimmung sich bisher im wesentlichen auf die gegebene formale Charakteristik beschränkt, so sehr darf andererseits gesagt werden, daß das Ausformen irgendeiner festlegenden Dogmatik auf diesem Gebiet dadurch glücklicherweise verhindert oder doch wenigstens erschwert wurde. Und daß jedermann schon deshalb auch weiterhin auf die – von Rudolf Steiner unablässig geforderte – Prüfung durch die eigene Erkenntnisarbeit verwiesen ist. Dieser Umstand kommt zweifellos dem Anliegen der vorliegenden Schrift entgegen. Denn der nachfolgende Entwurf versucht eben einer solchen Erkenntnisbemühung vorzuarbeiten.

Er führt in seinem ersten Teil zur Behandlung einiger Gesetzmäßigkeiten, die alles gesellschaftliche Leben durchdringen. Von Gesetzmäßigkeiten auf diesem Gebiet zu sprechen, mag für manchen zunächst ungewohnt, ja befremdend sein. Hier aber handelt es sich nicht um solche, die, wie die Naturgesetze, dem Menschen gleichgültig gegenüberstehen. Sie beziehen sich vielmehr gerade auf die Eigenart des menschlichen Miteinanders. Und sie betreffen nicht die Ursachen, sondern die Folgen seiner sozialen Handlungen. Durch sie ist sein Leben – schon ehe er eigens darauf aufmerksam wird – auf dreifache Weise mit dem Leben anderer Menschen verflochten. Es handelt sich dabei zunächst um drei gesellschaftliche Hauptgesetze: um das der *Bedarfsbefriedigung*, um das der *Vereinbarung* und um das der *Zusammenarbeit*. Aus der Erkenntnisarbeit mit ihnen ergibt sich ein viertes, das der *sozialen Dreigliederung selbst* zugrunde liegt.

Der zweite Teil hat sodann die Aufgabe, die zunächst gewonnene Formulierung der aufgezeigten Gesetzmäßigkeiten anhand der Vorschläge Rudolf Steiners für eine *assoziative, demokratische* und *korporative Neugestaltung* der menschlichen Gesellschaft weiterzuentwickeln. Diese Vorschläge setzen jene Gesetzmäßigkeiten voraus. Sie selber aber beruhen auf der schöpferischen Fähigkeit der sozialen Phantasie, neue Formen des gesellschaftlichen Lebens zu erfinden. Dazu kommt weiterhin die Aufgabe, deutlich zu machen, daß es hinsichtlich der sozialen Dreigliederung letzten Endes nicht auf eine Differenzierung dreier gesellschaftlicher Lebensbereiche um dieser Differenzierung selbst willen ankommt, sondern daß sie allein deswegen vorgenommen wird, weil nur durch sie das optimale Zusammenwirken dieser drei Bereiche zur Erhöhung der Qualität des menschlichen Lebens gewährleistet wird.

Der dritte Teil des vorliegenden Entwurfes bezieht sich am unmittelbarsten auf die oben gestellte Frage nach dem *Erüben und Ausüben eines weltoffenen, dem Leben der menschlichen Gesellschaft zugewandten Lernvorganges*. Indem dieser Teil – nach der notwendigen Vorbereitung durch die vorausgehenden – die soziale Dreigliederung als eine zu praktizierende Schulungs- und Arbeitsweise beschreibt, stellt er die Ausbildung der sozialen Phantasie in den Mittelpunkt der Bemühungen. Denn diese Dreigliederung besteht nicht lediglich in einem Verwirklichen der von Rudolf Steiner auf sozialem Gebiet gemachten «Erfindungen», sondern in der erfindenden, gestaltenden und verwaltenden Tätigkeit selber. Dazu reicht die bloße Tradition der sozialen Schöpfungen eines anderen nicht aus. Soziale Dreigliederung ist kein vorgegebenes System; sie ist selber ein Weg. Aber eben zuallererst ein Weg des Lernens. (Vgl. Anmerkung 2, Seite 153.)

Wie viele Menschen es heute schon gibt, die auf solche Art

Lernende sein wollen, ist eine Frage, die nur der Versuch entscheiden kann. Daß es jedoch heute immer mehr Menschen gibt, die auf sozialem Felde menschenwürdig handeln wollen – wobei sie unter der Würde des Menschen nicht nur die eigene, sondern auch die anderer verstehen –, macht diese Frage noch zu einer viel umfassenderen als der nach der bloßen Anzahl. Solche Menschen sind aus dem innersten Streben ihres Menschseins heraus nicht mehr bereit, den bloß technischen Fortschritt der Gegenwart und jüngsten Vergangenheit mit einem menschlichen Fortschritt unserer gegenwärtigen und künftigen Gesellschaft zu verwechseln. Ja, gerade der durch den gewaltigen technischen Fortschritt dringend geforderte menschliche Fortschritt allein ist es, den diese Menschen aus ihrem innersten Wesen heraus suchen müssen. An sie vor allem wendet sich der vorliegende Entwurf.

Deshalb ist es in den nachfolgenden Ausführungen auch weder unternommen worden, die schöpferische Intensität des Dreigliederungsimpulses überall an die heute bestehenden gesellschaftlichen Zustände kompromißbereit anzupassen und so zu verwässern, noch ist versucht worden, von diesem Impuls her die bestehenden sozialen Notstände einer permanenten Kritik zu unterziehen. Das darf nicht mißverstanden werden. Hier soll durchaus zur Sprache kommen, wie es möglich ist, durch einen entwicklungsfähigen Kompromiß den bestehenden Zuständen – wo nötig – entgegenzukommen; ebenso wie die Möglichkeit sichtbar werden soll, sich in kritischer Besonnenheit den bestehenden Notständen begründet gegenüberzustellen. Alles aber, was darüber hinausgeht, muß im Rahmen dieser Schrift – da es hier ja um das Erringen der Fähigkeit geht, selber sozial sinnvoll zu handeln – nur als zweitrangig betrachtet werden. Denn die Idee der sozialen Dreigliederung ist gerade nicht dazu da, vorzuschreiben, was Menschen tun oder unterlassen sollen, sondern sie möchte die Wege aufzeigen, auf denen wir selber herausfinden können, was im je konkreten Falle von uns sinnvoll getan oder unterlassen werden kann. Wer sich also für soziale Probleme nicht durch seinen eigenen Willen, menschenwürdig zu handeln, sondern allein durch fortwährende Anprangerung der heute allerdings schier unbegrenzt vorhandenen sozialen Notstände wachzuhalten vermag, oder wer sich für eine neue soziale Arbeitsweise lediglich dann zu erwärmen vermag, wenn diese in bezug auf die gesellschaftlichen Zustände, in denen er lebt, möglichst alles beim alten beläßt, der wird – falls er diese Schrift überhaupt weiterliest – eben feststellen, daß sie für seine Bedürfnisse nicht geschrieben ist.

ÜBER EINIGE GESETZMÄSSIGKEITEN GESELLSCHAFTLICHER VORGÄNGE

Aus der äußeren Beobachtung des Lebens gewinnen Sie nicht die Einsicht in das Fundamentale der Dreigliederung, geradesowenig wie Ihnen, wenn Sie noch so viele rechtwinklige Dreiecke (bloß) betrachten, der pythagoräische Lehrsatz aufgeht. Aber wenn Sie ihn einmal haben, ist er überall anwendbar, wo ein rechtwinkliges Dreieck ist. So ist es auch mit den fundamentalen Gesetzen des sozialen Organismus: sie sind überall anwendbar, wenn man sie einmal in der richtigen Weise wirklichkeitsgemäß erfaßt hat.

Rudolf Steiner
(in GA 189, 16. 2. 1919)

Vorbemerkung

Gewiß wird es zu jeder Zeit Menschen geben, die nicht aus unmittelbarer Einsicht in den jeweilig konkreten Zusammenhang des Lebens, sondern nach von anderen übernommenen Normen handeln wollen. Aber eine Auseinandersetzung über die Neugestaltung unserer Gesellschaft kann deswegen nicht zu einer solchen über bloße Normen vereinfacht werden. Der anthroposophische Sozialimpuls strebt demgemäß das Gegenteil einer solchen reduzierten Auseinandersetzung an.

Wie gestalten und verwalten wir die gesellschaftlichen Vorgänge, an denen wir unmittelbar beteiligt sind, selbst? Eine sinnvolle Antwort auf diese Frage zu suchen, möchte die Dreigliederung des sozialen Organismus einen Weg zeigen. Nicht aber um das Verwirklichen einer etwa vorhandenen «Dreigliederungsnorm» handelt es sich dabei, sondern darum, zusammen mit anderen Menschen jeweils aus Einsicht in die Gesetzmäßigkeit der betreffenden Vorgänge eine lebensfähige Lösung zu finden.

Solche Gesetzmäßigkeiten gibt es. Und wenn die Vorschläge Rudolf Steiners tatsächlich aus einer Einsicht in die notwendigen Zusammenhänge des gesellschaftlichen Lebens hervorgegangen sind, so müssen sie sich auch – wozu er wiederholt aufgefordert hat – an dieser Notwendigkeit prüfen lassen. Anhand alltäglicher Gegebenheiten des gesellschaftlichen Lebens die gedanklichen Mittel für eine solche Prüfung zur Verfügung zu stellen, ist daher die Aufgabe des ersten Teiles der vorliegenden Darstellung.

Soziales Wachstum und seine Bedingungen

Wir sprechen in der Naturwissenschaft von Ursache und Wirkung, Bedingung und Folge. Wenn ein Faktor mit einem anderen zusammenwirkt, so entsteht eine bestimmte Erscheinung. Ein einfaches Beispiel: Wenn sich eine Flüssigkeit in zwei Gefäßen befindet, die untereinander verbunden werden, so stellt sich der Spiegel in beiden gleich hoch. Oder: Wenn zwei Körper von ungleicher Temperatur aneinandergrenzen, so fließt so lange Wärme von dem wärmeren in den kälteren, bis die Temperatur in beiden gleich ist. Oder: Wenn ein Körper zwischen einer Lichtquelle und einem anderen Körper steht, wirft er auf letzteren einen Schatten.

Die Notwendigkeit und Ausschließlichkeit, mit der jedes dieser Gesetze für das ihm entsprechende Gebiet von Naturerscheinungen gilt, macht auch seine praktische Verwendung im technischen Handeln möglich. So etwa bei dem Aufbau der Wasserversorgung einer Stadt, bei der Installation der Heizanlagen eines Gebäudes oder auch bei der Konstruktion der Sonnenschutzeinrichtung eines Fensters. Unsere ganze technische Zivilisation ist im Grunde genommen durch eine solche Anwendung naturwissenschaftlicher Einsichten entstanden.

Was hier durch die Kenntnis von Naturzusammenhängen an innerer Sicherheit für das technische Handeln gewonnen wurde, ist gewiß bewunderungswürdig. Aber gerade diese Art zu handeln ist in ihrer Rückwirkung auf die menschliche Gesellschaft uns Heutigen problematisch geworden, – nicht zuletzt deshalb, weil sie heute gar nicht mehr allein auf die Natur, sondern eben im breitesten Maßstab auch auf den Menschen selber angewendet wird. Gesellschaftliches Handeln wird gerade durch sie notwendigerweise zur «Behandlung» von Menschen als bloßen Objekten. Mit Recht wehrt sich darum etwas in uns dagegen, über gesellschaftliche Vorgänge in gleicher Weise wie über Naturvorgänge zu denken. Diese sind nicht, wie Naturvorgänge, einfach ohne uns da; wir stehen lebendig in ihnen darinnen.

Andererseits kann nicht bezweifelt werden, daß der Glaube, ein naturwissenschaftlich orientiertes, bloß technisches Handeln könne auch unsere gesellschaftlichen Probleme lösen, gerade deswegen überall so verheerend wirkt, weil wir ihm zumeist nicht aus der Sicherheit einer vollen Einsicht in die Andersartigkeit gesellschaftlicher Zusammenhänge entgegenzutreten vermögen. Sie bleibt zunächst lediglich eine mehr oder weniger dumpfe Empfindung, deren Berechtigung wir uns noch nicht zu vollem Bewußtsein bringen können. Mehr denn je stellt sich gegenwärtig daher die Frage, ob sich für diese Andersartigkeit nicht auch Gesetzmäßigkeiten auffinden lassen, die innerhalb des gesellschaftlichen Lebens mit einer vergleichsweisen Notwendigkeit und Ausschließlichkeit gelten. Und die sich demgemäß ebenso zuverlässig auf diesem Gebiet in die Praxis umsetzen lassen, wie die Naturgesetze auf ihrem Gebiet. Solche Gesellschaftsgesetze müßten sich gerade dasjenige zum Ausgangspunkt wählen, was die Naturgesetze fortwährend unberücksichtigt lassen müssen: die ureigene Initiative des Menschen. Und sie müßten beschreiben, wie gerade diese Initiative sich innerhalb der menschlichen Gesellschaft auswirkt. Von solchen Gesetzen kann nun tatsächlich die Rede sein.

Die für unsere Auseinandersetzung wichtigsten beziehen sich auf den sozialen Fortschritt gesellschaftlicher Gesamtheiten. Und zwar handelt es sich dabei um Gesamtheiten erstens im Bereich der Zusammenarbeit, zweitens im Bereich der Vereinbarung von Rechten und Pflichten und drittens im Bereich der Bedarfbefriedigung. Ein Verständnis dieser Gesetze setzt daher zweifellos voraus, daß wir die in diesen drei Bereichen des gesellschaftlichen Lebens vorhandenen Gesamtheiten von Menschen nicht mit den einzelnen Teilen solcher Gesamtheiten verwechseln. Das ist zwar weniger in der rein gedanklichen Betrachtung zu befürchten, wohl aber im praktischen Leben oft der Fall, da wir in der Verengung unseres Blickfeldes im Alltag eben nur allzuleicht beispielsweise den Teil, dem wir selber angehören, für das Ganze halten.

Genauer gesprochen, beziehen sich die hier zur Rede stehenden Gesetze auf die spezifischen Bedingungen, unter denen der jeweilige soziale Fortschritt geschieht. Diese können nicht, wie bei der technischen Anwendung von Naturgesetzen, einfach der Natur entnommen werden; sie sind vielmehr nur dann vorhanden, wenn der Mensch selbst sie hervorbringt. Und in eben diesem Hervorbringen der jeweils notwendigen Bedingungen muß das Kardinalproblem für eine jegliche Neugestaltung der menschlichen Gesellschaft gesehen werden. (Davon werden besonders der zweite und dritte Teil der vorliegenden Darstellung zu handeln haben.) Worin sie bestehen, kann verständlicherweise nur nach und nach deutlich werden. Zunächst jedoch sollen sie hier mit den Worten benannt werden, die miteinander die bekannte Devise der Französischen Revolution bilden. Dann lassen sich diese Gesetze wie folgt formulieren: *Die Befriedigung von Bedarf innerhalb einer Gesamtheit von Menschen gelingt um so lebensgemäßer, je mehr Brüderlichkeit unter den beteiligten Menschen praktiziert wird. – Die Vereinbarungen von Rechten und Pflichten innerhalb einer Gesamtheit von Menschen erweisen sich um so tragfähiger, je mehr sie auf die Gleichheit der Partner gegründet sind. – Die Zusammenarbeit innerhalb einer Gesamtheit von Menschen entwickelt sich um so fruchtbarer, je mehr sie aus der Freiheit aller darin tätigen Menschen entspringt.*

Es ist nur zu sehr begreiflich, daß die meisten Menschen zunächst bestenfalls bereit sein werden, solche Sätze als Ausdruck mehr oder weniger weltferner Ideale aufzufassen, kaum aber, sie als die Formulierung ernstzunehmender Gesetzmäßigkeiten zu durchdenken. Dennoch handelt es sich hier, wie wir sehen werden, sogar um die Hauptgesetze der drei genannten gesellschaftlichen Lebensbereiche. So ist in dieser Formulierung ja auch gar nicht die Rede davon, ob jemand Brüderlichkeit, Gleichheit und Freiheit zum Inhalt seiner Bemühungen machen will oder nicht, sondern davon, daß sie eben die notwendigen Bedingungen des sozialen Fortschrittes in diesen Bereichen des Gesellschaftslebens darstellen – wenn man unter sozialem Fortschritt jedesmal den einer Gesamtheit von Menschen und nicht nur eines Teiles dieser Gesamtheit versteht. Das heißt: Die gemeinte Notwendigkeit bezieht sich dabei ausschließlich auf die in jedem einzelnen Falle erst durch sorgfältige Beobachtung und nicht etwa durch Willkür festzustellende gesellschaftliche Gesamtheit und deren sozialen Fortschritt. Handelt es sich dagegen bloß um die Förderung eines Teiles dieser Gesamtheit, so kann von einer solchen Ausschließlichkeit selbstverständlich nicht die Rede sein, da eine solche Förderung in der Regel ganz anders, nämlich auf Kosten anderer Teile, zustande kommt. Ein sozialer Fortschritt der entsprechenden Gesamtheiten selbst kann hingegen – nur geben wir uns hier gewöhnlich gewaltigen Illusionen hin – auf keine andere Weise als auf die durch diese Gesetze beschriebene entstehen.

In diesem Zusammenhang ist es wichtig, sich klarzumachen, daß die angeführten Hauptgesetze nicht nur besagen, unter welchen Bedingungen ein sozialer Fortschritt eintritt, sondern auch, unter welchen Bedingungen er schwindet. Wie beispielsweise das erwähnte Gesetz der Schattenbildung nicht allein die Bedingungen für das Entstehen dieser Naturerscheinung, sondern gleichzeitig auch für deren Verschwinden enthält, so ist es auch hier. Der soziale Fortschritt schwindet, wenn man ihn nicht auf die in den obigen Formulierungen beschriebene Weise, sondern etwa dadurch sucht, daß man allein denjenigen Teil einer gesellschaftlichen Gesamtheit fördert, dem man selber angehört oder der man selber ist; er schwindet eben deshalb, weil dies nur auf Kosten anderer Teile geschehen kann. Wir fügen deshalb der obigen Formulierung gleich eine weitere hinzu, die geeignet ist, die Einseitigkeit der ersteren zu ergänzen: *Für solche Gesamtheiten von Menschen gelingt dagegen die Bedarfsbefriedigung um so schlechter, je weniger Brüderlichkeit in ihr lebt; werden Rechtsvereinbarungen um so brüchiger, je weniger sie auf Gleichheit gebaut sind; und zeigt sich eine Zusammenarbeit um so steriler, je weniger sie in Freiheit geschieht.* Das heißt: Das in der obigen Formulierung gebrauchte dreimalige «je mehr» schließt selbstverständlich ein mögliches dreimaliges «je weniger» ein. Auf diese Weise ausgesprochen, werden wir die drei Hauptgesetze allerdings von einer Seite her gewahr, die auch in dem gegenwärtigen Zustand der menschlichen Gesellschaft wiederzufinden nicht allzu schwierig ist.

Worum also handelt es sich, wenn hier nicht nur von Freiheit, Gleichheit und Brüderlichkeit, sondern eben in dem angezeigten

Sinne auch von Unbrüderlichkeit, Ungleichheit und Unfreiheit gesprochen wird? Kurz gesagt: weder um irgendwelche Anweisungen zu sozialem Wohlverhalten, noch um gut gemeinte Ermahnungen, sondern einzig und allein darum, von diesen drei Gesichtspunkten aus die gesetzmäßige Folge eines *jeden* gesellschaftlichen Verhaltens – gleichgültig, welcher Art es ist – zu beschreiben. Nicht soll damit gesagt werden: handele brüderlich usw., sondern es soll auf die notwendige Folge eines jeden Weniger oder eines jeden Mehr an Brüderlichkeit, Gleichheit und Freiheit aufmerksam gemacht werden. Denn nicht Vorschriften brauchen wir heute, sondern *Einsichten.* Sie erst machen die Sache, falls wir nicht nach lediglich übernommenen Normen handeln wollen, für uns praktikabel. Gerade dadurch, daß sie uns nicht zwingen, geben sie uns die Chance, aus eigener Erkenntnis an dem Wohl der menschlichen Gesellschaft mitzuarbeiten. Je mehr wir des nicht vorschreibenden, sondern lediglich beschreibenden Charakters dieser Gesetze gewahr werden, um so mehr bemerken wir auch, daß hier mit unserer Selbständigkeit – das aber heißt: mit unserer Menschenwürde – voll gerechnet ist. (Vgl. Anmerkung 3, Seite 154.)

*

Das Lebensgemäße, die Tragfähigkeit und Fruchtbarkeit gesellschaftlicher Vorgänge innerhalb einer Gesamtheit von Menschen nimmt also zu oder ab, wird größer oder kleiner, wächst oder schwindet in gesetzmäßiger Weise gemäß der von den beteiligten Menschen geschaffenen Bedingungen. Die genannten Lebensqualitäten wachsen, je mehr, und sie schwinden, je weniger diese Bedingungen vorhanden sind. Worin aber bestehen die letzteren? Bei unserer ersten und vorläufigen Formulierung haben wir sie zunächst mit «Freiheit», «Gleichheit» und «Brüderlichkeit», d. h. mit Worten bezeichnet, unter denen möglicherweise jeder von uns etwas anderes versteht. Was mit ihnen in der zur Rede stehenden gesellschaftlichen Wirklichkeit gemeint ist, bedarf einer gründlichen Klärung. Sie soll hier an eine Besinnung darauf, wie wir täglich auf andere Menschen angewiesen sind, angeknüpft werden.

Fast jeder Tag führt uns beispielsweise mit Menschen zusammen, auf die wir zur Befriedigung unserer Bedürfnisse, zur Dekkung unseres Bedarfs angewiesen sind. Wir stehen ihnen im Lebensmittelladen, im Textilgeschäft, in der Autowerkstatt, in der zahnärztlichen Sprechstunde usw. gegenüber. Gewiß, ob dabei dieser Bedarf oder diese Bedürfnisse auch jedesmal gestillt werden, müssen wir abwarten. Zweifellos aber bildet die Erwartung einer solchen Bedarfsbefriedigung den Antrieb, Laden, Werkstatt, Sprechstunde usw. aufzusuchen. Das aber heißt für die hier anzustellende Untersuchung, daß der Grund dazu in unserer eigenen Natur liegt. Wir sind zu einem Teile unseres Wesens Bedürfnis- oder *Bedarfswesen.*

Bedarfsbefriedigung ist jedoch nicht der einzige Grund, der uns im täglichen Leben mit anderen Menschen zusammenführt. Wir suchen durch Verabredungen, Vereinbarungen und Verträge mit anderen unserem Leben eine mehr oder weniger geordnete, vorhersehbare Gestalt zu geben. Dabei kommt ein zweiter Teil unseres Menschenwesens in Betracht. Wohl hängt beispielsweise bei der Bestellung von Ware eine solche Vereinbarung gleichzeitig mit dem vorhandenen Bedarf zusammen; aber insofern wir dabei einen bestimmten Liefertermin ausmachen, bestimmte Rechte und Pflichten vereinbaren, spricht sich darin eine Seite unseres Wesens aus, die schon deshalb von der eben genannten unterschieden werden muß, weil die bestellte Ware ja ebensogut für den Bedarf anderer bestimmt sein kann. Sie läßt sich vielleicht am besten mit dem Worte «Mündigkeit» umschreiben. Während der Mensch schon von Geburt an Bedarfswesen ist, wird er während des Lebens in steigendem Maße auch zum *mündigen Wesen.*

Eine Vereinbarung oder ein Vertrag kann sich inhaltlich aber auch auf diejenigen gesellschaftlichen Vorgänge beziehen, welche der durch Ware oder Dienstleistung zustande gekommenen Bedarfsbefriedigung notwendigerweise vorausgehen. Denn Waren und auch Dienstleistungen müssen ja erst hervorgebracht werden, ehe sie unsere Bedürfnisse stillen können. Das geschieht – je weiter die Arbeitsteilung unserer Gesellschaft fortgeschritten ist, um so mehr – durch Zusammenarbeit. Schließen wir also beispielsweise einen Vertrag über die Mitarbeit in einem Betrieb, so kommt darin einerseits wiederum unsere Mündigkeit, andererseits aber die

Bereitschaft zum Ausdruck, unsere Kräfte und Fähigkeiten mit anderen zusammen einzusetzen. Insofern kann es durchaus sein, daß wir täglich einen Laden, eine Werkstatt, eine Arztpraxis usw. nicht als Kunde, Patient usf. betreten, sondern – etwa weil wir Verkäufer oder Kassierer, Fach- oder Hilfsarbeiter, Arzt oder Sprechstundenhilfe sind – als Mitarbeiter. Kurz: wir begegnen dem anderen nicht als Bedarfswesen, sondern, wie wir diese dritte Seite der Menschennatur zusammenfassend nennen können, als *Fähigkeitswesen.*

Je nach dem also, ob es sich um die Deckung von Bedürfnissen, um eine Vereinbarung oder um Zusammenarbeit handelt, treten wir dabei anderen Menschen als bedürfendes, als mündiges oder als fähiges Wesen gegenüber. Aber – so lautet nun die für alles soziale Leben entscheidende Frage – werden wir auch als ein solches Wesen von diesen anderen wahrgenommen? Und noch mehr: Sind sie auch bereit, ihr Handeln nach diesen Wahrnehmungen zu richten?

*

Wenn wir ein Textilgeschäft betreten, weil wir ein bestimmtes Kleidungsstück brauchen, so kommt für das Gelingen des sozialen Prozesses, soweit es dabei um unsere eigene Bedarfsbefriedigung geht, alles darauf an, ob sich der Verkäufer nun auch für unseren Bedarf interessiert oder ob wir für ihn lediglich insofern interessant sind, als wir diese oder jene Geldsumme auszugeben bereit scheinen. Nur, wenn er sich wirklich darum kümmert, was wir eigentlich brauchen, wird er uns das Benötigte auch zu beschaffen suchen. Sieht er dagegen in dem zu verkaufenden Kleidungsstück lediglich ein Mittel, uns das Geld in der Tasche lockerzumachen, so wird unter Umständen eine echte Bedarfsbefriedigung nur sehr bedingt zustande kommen. Ja es kann sein, daß wir ein so erworbenes Kleidungsstück nur einmal und dann nie wieder anziehen, weil wir leider erst zu spät bemerken, daß wir es in Wirklichkeit gar nicht brauchen können. – Das Gesagte trifft aber nicht nur für den geschilderten sozialen Vorgang zu. Es gilt dies selbstverständlich auch dann, wenn wir selber der Verkäufer und der andere der

Kunde wäre. Und wie leicht einzusehen, ist dies auch in den anderen Gebieten des gesellschaftlichen Lebens der Fall. Nicht nur das Gelingen einer dauerhaften Bedarfsbefriedigung, sondern auch das einer tragfähigen Vereinbarung oder einer guten Zusammenarbeit hängt in diesem Sinne intensiv mit dem Interesse zusammen, das der eine Mensch dem anderen um dieses anderen selbst willen entgegenbringt.

So richtig dies ist, so wenig kann allerdings ein Zweifel darüber bestehen, daß dennoch mit einem solchen Interesse in unserer gegenwärtigen Gesellschaft wenig gerechnet wird. Im Gegenteil wird überall auf das Interesse des einzelnen an sich selber gezählt. Wir werden davon noch ausführlich zu sprechen haben. Die Folge davon aber ist das umfassende Mißtrauen, das heute alles gesellschaftliche Leben durchzieht und in seiner Entfaltung beengt. Mit dem Hinweis auf das Interesse am anderen Menschen um seiner selbst willen ist daher gleichzeitig auf etwas hingewiesen, was eine außerordentlich einschneidende Bedeutung für unsere gegenwärtige gesellschaftliche Situation hat. Indem wir dem bedürfenden, mündigen oder fähigen Wesen anderer Menschen von uns aus Interesse, sei es auch nur wahrnehmender Natur, entgegenbringen, wird ein allererster, aber unumgänglicher Schritt zur Verwandlung dieser Situation getan. Die Chance, daß sich Vertrauen bildet, entsteht.

Mit Vertrauen ist hier etwas gemeint, was durch den sozialen Vorgang selber erweckt und nicht erst dadurch künstlich bewirkt wird, daß wir diese oder jene das Mißtrauen einschläfernde Maßnahme ergreifen oder als Werbung und Propaganda dem gesellschaftlichen Vorgang etwas hinzufügen, was mit seinem eigentlichen Wesen gar nichts zu tun hat. Als reine Gesetzmäßigkeit ausgedrückt, heißt das: *Die Chance, innerhalb menschlicher Gesamtheiten durch die gesellschaftlichen Vorgänge der Bedarfsbefriedigung, der Vereinbarung und der Zusammenarbeit selber Vertrauen zu erwekken, ist um so größer, je mehr die beteiligten Menschen sich bei allen Vorgängen der Bedürfnisbefriedigung füreinander als Bedarfswesen interessieren; bei allen Vorgängen der Vereinbarung einander als mündige Wesen anerkennen; und in allen Vorgängen der Zusammenarbeit einander als Fähigkeitswesen wahrnehmen.* Wir begegnen also den oben angezeigten drei Hauptgesetzen des gesellschaftlichen Lebens in abgewandelter Gestalt wieder. Und wiederum gilt es dabei aufmerksam zu werden, daß diese auch über die Verringerung der zur Rede stehenden Chance etwas aussagen. Denn: *Diese Chance bleibt selbstverständlich um so kleiner, je weniger die beteiligten Menschen einander als fähige Wesen wahrnehmen, einander als mündige Wesen anerkennen und sich als bedürfende Wesen füreinander interessieren.* Jeder Blick in den heutigen Zustand unserer Gesellschaft kann dies unschwer bestätigen.

Chancen können auch vertan werden. Besonders dann, wenn sie auf etwas beruhen, das so leicht wieder verschüttet werden kann, wie das so geweckte, seiner selbst noch nicht sichere Vertrauen. Am geringsten wird diese Gefahr jedoch – so weit dies von uns selber abhängt – immer dann sein, wenn es uns wenigstens anfangsweise gelingt, nicht nur erkennend und anerkennend, sondern aus dieser Erkenntnis und Anerkenntnis handelnd auf den anderen Menschen einzugehen. Oder wiederum schlichter gesagt: wenn das wahrnehmende auch zu einem tätigen Interesse am anderen Menschen wird. Wann ist das der Fall? Beispielsweise dann, wenn man in bezug auf die Bedarfsbefriedigung diejenige Ware beschafft, die der andere wirklich brauchen kann; oder dann, wenn man bei Abschluß eines Vertrages etwa dafür Sorge trägt, daß der andere die Bedingungen ähnlich gut kennt, wie man selbst, und man ihm nicht z. B. das Lesen des «Kleingedruckten» auf der Rückseite eines Kaufvertrages durch unverständliche Sprache, zu kleine Buchstaben und geringen Kontrast der Druckfarbe gegen den Untergrund künstlich erschwert; oder dann, wenn man bei einer Zusammenarbeit versucht, die eigene Arbeit möglichst so einzurichten, daß der andere zu selbständiger und eigenverantwortlicher Mitarbeit so viel Raum findet, wie auszufüllen er in der Lage ist, und er nicht z. B. durch unnötige Weisungsbindung usw. eingeengt wird.

Damit sind selbstverständlich vorerst nur die Richtungen abstrakt angedeutet, in denen jenes dreifache Interesse am anderen Menschen auch in der äußeren Lebenspraxis zu Konsequenzen führt. Und eben darum, in vielfältiger Art diese Richtungen innerhalb des gesellschaftlichen Handelns einzuschlagen, geht es, wenn die zunächst hier und da auftauchende Chance eines neuen sozialen Lebens zu einem tragfähigen Wachstum dieses Lebens führen soll. Die obige Metamorphose der drei zur Rede stehenden gesellschaftlichen Hauptgesetze kann daher auch auf die folgende Art vervollständigt werden: *Die soziale Lebensfähigkeit gesellschaftlicher Gesamtheiten wächst, je mehr die beteiligten Menschen bei allen Vorgängen der Bedarfsbefriedigung sich füreinander als bedürfende Wesen interessieren und gegenseitig für den anderen sorgen; bei allen Vorgängen der Vereinbarung einander als mündige Menschen anerkennen und sich als solche gegenseitig fördern; und bei allen Vorgängen der Zusammenarbeit einander als fähige Wesen wahrnehmen und gegenseitig ihrer Entfaltung Raum geben.* Der Einseitigkeit einer solchen Formulierung muß allerdings wieder ergänzend hinzugefügt werden: *Und wie die soziale Lebensfähigkeit wächst, je mehr dieses wahrnehmende und tätige Interesse am Bedarfs-, Mündigkeits- und Fähigkeitswesen des anderen Menschen vorhanden ist, so schwindet diese Lebensfähigkeit, je weniger ein solches Interesse gepflegt wird.* Auch z. B. die Frage, ob das noch heute vielerorts blindlings angebetete «Wirtschaftswachstum» zu einem echten sozialen Wachstum der gesellschaftlichen Gesamtheit führt, hängt einzig und allein davon ab, ob und wieweit es uns gelingt, die in diesen Gesetzen beschriebenen Bedingungen dazu herzustellen.

Es hätte nun – wenn das ohne jede Schwärmerei geschieht – seinen guten Sinn, das wahrnehmende und tätige Interesse am Bedarfswesen des anderen Menschen als ein Streben nach *Brüderlichkeit* zu bezeichnen; das wahrnehmende und tätige Interesse am mündigen Wesen des anderen Menschen aber entsprechend als ein Streben nach *Gleichheit*; so wie ein solches Interesse am Fähigkeitswesen des anderen Menschen als ein Streben nach *Freiheit* eben dieses anderen. Und dieser Sinn ist es auch, der weiter oben zu der ersten Fassung der drei zur Rede stehenden Hauptgesetze führte. Die weitergebildeten Fassungen hatten daher u. a. die Aufgabe, genauer zu beschreiben, was innerhalb des vorliegenden Entwurfes mit der sonst allzu leicht zur bloßen Formel entleerten Devise der Französischen Revolution bzw. mit den darin gebrauchten Wörtern ausgesagt werden soll. Auch in der ferneren Darstellung soll hier unter Brüderlichkeit ein Streben verstanden werden, das aus dem echten Interesse am anderen Menschen als einem *bedürfenden* Wesen hervorgeht; unter Gleichheit ein Streben, das aus dem lebendigen Interesse am anderen Menschen als einem *mündigen* Wesen folgt; unter Freiheit (des anderen) aber ein Streben, das aus dem warmen Interesse am *fähigen* Wesen des anderen Menschen entspringt. (Siehe dazu auch Anmerkung 4, Seite 155, und 5, Seite 156.)

Eine Entdeckung Rudolf Steiners: Das soziale Hauptgesetz

Die angezeigten fundamentalen Gesetzmäßigkeiten des gesellschaftlichen Lebens wurden in der hier vorgelegten Form von Rudolf Steiner nicht eigens dargestellt; seine Vorschläge zu einer Neugestaltung des sozialen Organismus setzen eine Einsicht in ihre Wirksamkeit jedoch unmittelbar voraus. Hingegen hat Rudolf Steiner in einer von ihm redigierten Zeitschrift schon 1905/6 einen Aufsatz veröffentlicht, in dessen Mittelpunkt die Darstellung einer Gesetzmäßigkeit steht, die er selber von Anfang an das «soziale Hauptgesetz» nennt (in GA 34).Es lautet: *«Das Heil einer Gesamtheit von zusammenarbeitenden Menschen ist um so größer, je weniger der einzelne die Erträgnisse seiner Leistungen für sich beansprucht, das heißt, je mehr er von diesen Erträgnissen an seine Mitarbeiter abgibt, und je mehr seine eigenen Bedürfnisse nicht aus seinen Leistungen, sondern aus den Leistungen der anderen befriedigt werden.»* – Die Einsicht, daß auch dieses Gesetz gleichzeitig die Bedingungen mitenthält, unter denen das Heil der Gesamtheit kleiner wird, also schwindet statt wächst, sollte uns wiederum davor bewahren, in diesem Gesetz irgendeinen weltfremden Idealismus zu vermuten. Wir fügen dem Wortlaut Rudolf Steiners daher sogleich die folgende Formulierung hinzu: *Und das Heil einer solchen Gesamtheit ist um so kleiner, je mehr der einzelne die Erträgnisse seiner Leistungen für sich beansprucht, das heißt, je weniger er von diesen Erträgnissen an seine Mitarbeiter abgibt und je mehr seine eigenen Bedürfnisse nicht aus den Leistungen der anderen, sondern aus seinen Leistungen befriedigt werden.* – Worum geht es?

Falls wir unter *Erträgnisse der eigenen Leistungen* allein die Produkte verstehen, die wir beispielsweise durch unsere Berufsarbeit hergestellt haben, ließe sich dieses Gesetz auch wie folgt aussprechen: *Das Heil einer solchen Gesamtheit ist um so größer, je weniger der einzelne die von ihm hergestellten Waren oder die von ihm zu erbringenden Dienstleistungen für sich selbst beansprucht; das heißt: je mehr er solche Waren und Dienstleistungen anderen zur Verfügung stellt und je mehr sein eigener Bedarf nicht aus den von ihm selbst erbrachten Waren und Dienstleistungen, sondern aus denen der anderen gedeckt wird.* Und: *Dagegen ist das Heil einer solchen Gesamtheit um so kleiner, je mehr der einzelne die von ihm hergestellten Waren oder zu erbringenden Dienstleistungen für sich beansprucht; das heißt: je weniger er solche Waren und Dienstleistungen anderen zur Verfügung stellt und je mehr sein eigener Bedarf nicht aus den von anderen erbrachten Waren und Dienstleistungen, sondern aus den eigenen gedeckt wird.* – Das damit Gesagte läßt sich ohne Schwierigkeit nachvollziehen. So zeigt schon ein flüchtiger Blick auf unsere arbeitsteilige Gesellschaft, daß der weitaus größte Teil dessen, wessen jeder von uns bedarf, eben durch von anderen hervorgebrachte Waren und Dienstleistungen gedeckt wird. Wir befriedigen unser Bedürfnis nach Wohnung, Kleidung, Nahrung, ärztlicher Versorgung usw. in der Regel dadurch, daß wir die entsprechenden Leistungen anderer in Anspruch nehmen und nicht durch unsere eigenen. Und dementsprechend geben wir das von uns selber an Waren und Dienstleistungen Hervorgebrachte fast ausschließlich an andere weiter. Wer sollte auch auf den von ihm hergestellten Produkten sitzenbleiben? Gewiß, der Schuhmacher, der noch selber Schuhe macht, könnte das eine oder andere Paar auch für sich gebrauchen; wer jedoch infolge einer arbeitsteiligen Schuhfabrikation nur noch Absätze herstellt oder gar die zu dieser Herstellung benötigten Maschinen, kann dies nicht mehr. Sein Produkt hat nur noch unter der Voraussetzung einen Sinn, daß er es an andere zur weiteren Fertigung weiterleitet und es über diese dann schließlich dem Verbraucher zugute kommt.

Diese innerhalb unserer arbeitsteiligen Gesellschaft also ganz selbstverständliche Verhaltensweise kann allerdings von einer anderen durchkreuzt werden, bei der jeder Mensch dennoch die von ihm hervorgebrachten Waren möglichst für sich selber beansprucht. Wer etwa die Verhältnisse in Deutschland nach dem Zweiten Weltkrieg mitgemacht hat, wird sich daran erinnern, wie die Mentalität der Selbstversorgung – und der mit ihr auch geschichtlich verbundenen Tauschwirtschaft – alles durchdrang, indem jedermann in der Versuchung stand, die von ihm produzierten Waren, Halb- und Viertelsfabrikate, ja die Rohstoffe selbst für sich zu beanspruchen bzw. dafür etwas für sich Lebensnotwendiges einzutauschen. Im Sinne des obigen Beispieles: Schuhabsätze für die eigenen Schuhe – oder für Kartoffeln, Kleider oder Braunkohlenbriketts. So sehr dies nun für den einzelnen vorteilhaft war, für die gesellschaftliche Gesamtheit bewirkte dieses selbstversorgerische Verhalten das genaue Gegenteil. – Selbstverständlich schreibt nun das soziale Hauptgesetz weder die eine noch die andere Verhaltensweise, weder «Fremdversorgung» noch «Selbstversorgung» vor, aber es beschreibt, welche gesetzmäßige Folge sich aus dem jeweiligen Verhalten ergibt. Daher ließe sich im Hinblick auf Waren und Dienstleistungen dieses Gesetz auch folgendermaßen zusammenfassen: *Das Heil einer gesellschaftlichen Gesamtheit wird um so größer, je mehr der einzelne durch die von ihm hergestellten Waren bzw. die von ihm erbrachten Dienstleistungen Fremdversorger, und es wird um so kleiner, je mehr er durch sie Selbstversorger ist.*

Wird also das Heil einer Gesamtheit von Menschen nicht mit dem Heil einzelner verwechselt, denen es die Verhältnisse gestatten, sich in dieser oder jener Beziehung befriedigend zu versorgen, indem sie das dazu Nötige den anderen vorenthalten, so können wir uns unschwer davon überzeugen, daß das von Rudolf Steiner entdeckte soziale Hauptgesetz – jedenfalls soweit unter Erträgnissen von Leistungen Waren und Dienstleistungen verstanden werden – für unsere arbeitsteilige Gesellschaft durchweg zutrifft. Durch den ersten Teil der voranstehenden Formulierung wird die volle Fähigkeit der arbeitsteiligen Gesellschaft sichtbar, die ihr angehörenden Menschen befriedigend mit Verbrauchsgütern zu versorgen, während der zweite Teil dagegen für Verhältnisse durchsichtig wird, die – wie etwa im Nachkriegsdeutschland – bestenfalls in der Lage sind, einen Teil der Bevölkerung zu versorgen, während der andere unterversorgt bleibt. Warum aber kommt, wenn dies richtig ist, dennoch diese Fähigkeit der arbeitsteiligen Gesellschaft auch unter ihren eigenen, in der Weiterleitung der erarbeiteten Güter bestehenden Bedingungen nicht selbstverständlich allerorts zum Tragen? Warum gibt es denn auch innerhalb dieser Gesellschaft so oft Not und Elend?

*

Um sich einer Antwort auf diese Frage zu nähern, müssen wir das soziale Hauptgesetz auch unter der Voraussetzung durchdenken, daß zu den zur Rede stehenden Erträgnissen der eigenen Leistungen auch finanzielle Erträgnisse zu rechnen sind.

Die zu prüfende Formulierung des sozialen Hauptgesetzes würde dann etwa lauten: *Das Heil einer gesellschaftlichen Gesamtheit wird um so größer, je weniger der einzelne die finanziellen Erträgnisse seiner Leistungen für sich beansprucht; das heißt: je mehr er von diesen finanziellen Erträgnissen an seine Mitarbeiter abgibt und je mehr seine eigenen Bedürfnisse nicht aus seinen Leistungen, sondern aus den Leistungen der anderen befriedigt werden.* Wäre dies wahr, so müßte sich allerdings auch zeigen, daß das gesamtgesellschaftliche Heil unter den entgegengesetzten Bedingungen abnimmt, wozu die zu prüfende Formulierung etwa lauten würde: *Dagegen wird es um so kleiner, je mehr der einzelne die finanziellen Erträgnisse seiner Leistungen für sich beansprucht; das heißt: je weniger er von diesen finanziellen Erträgnissen abgibt und je mehr seine eigenen Bedürfnisse nicht aus den finanziellen Erträgnissen anderer, sondern aus den eigenen befriedigt werden.* – Zweifellos ist heute die Ansicht weit verbreitet, daß es nur gerecht sei, wenn jedermann die finanziellen Erträgnisse des von ihm Geleisteten möglichst ohne Rest für sich selber in Anspruch nimmt; und ebenfalls die Ansicht, daß eben diese Gerechtigkeit, durchgehend praktiziert, unmittelbar zum gemeinsamen Wohl aller führen müsse. Aber ist diese Ansicht wirklich begründet? Wenn ja, so müßte dies sich auch in einer entsprechenden Erkenntnisbemühung aufweisen lassen.

Zwei Vorfragen zur Verdeutlichung der oben gewählten Formulierung sind vorab zu klären. Was ist mit *finanziellen Erträgnissen der eigenen Leistungen* und was ist mit dem *Abgeben* solcher Erträgnisse gemeint? Unter dem ersteren sollte hier sowohl jeder Erlös verstanden werden, den der Verkauf der durch eigene Leistung hergestellten Produkte erbracht hat, als auch jedes Einkommen, das über den tatsächlichen Bedarf des Einkommenempfängers hinaus durch sog. «Bezahlung nach Leistung» zustande gekommen ist. Unter dem letzteren ist jede Weitergabe finanzieller Mittel gemeint, wenn sie sich auf den tatsächlichen Bedarf, auf die vorliegenden Bedürfnisse des Empfängers bezieht, von deren Befriedigung ja das soziale Hauptgesetz ausdrücklich spricht. Ob damit aber nur Almosen, Spenden, Schenkungen, Stiftungen usw. gemeint sein können, woran man zunächst bei dem Worte «abgeben» denkt, und nicht beispielsweise auch das Entrichten von Steuern oder sogar eine bedarfsbezogene Einkommenserteilung, ja schließlich der jeweilige Betrag, den wir beim Kauf einer Ware entrichten, dazu gehört, darf nicht vorschnell als ausgemacht gelten, sondern kann erst Ergebnis der weiteren Untersuchung sein.

Werfen wir nun um einer ersten Orientierung willen einen Blick auf die kleinste gesellschaftliche Gesamtheit, die hier in Betracht kommen kann: auf die Partnerschaft der Ehe oder überhaupt zweier zusammenlebender Menschen. Ohne weiteres ist deutlich, daß ihr gemeinsames Wohl um so größer sein wird, je mehr sie die ihnen zur Verfügung stehenden finanziellen Mittel auf die vorliegenden Bedürfnisse des einen oder anderen ganz unabhängig davon verwenden, wer von ihnen sie als Einkommen bezieht oder, falls beide ein solches erhalten, wie unterschiedlich dessen Höhe ausfällt. Oder anders herum gewendet: Je weniger sie dieses Einkommen auf den gemeinsamen Bedarf beziehen bzw. je mehr einer von ihnen es für sich beanspruchen würde, weil «er es ja schließlich sei, der es verdiene», um so mehr würde an die Stelle ihres gemeinsamen Wohles bloß das Wohlergehen eines Partners treten, während der andere mit entsprechend bescheideneren Mitteln auskommen müßte. Wir werden sehen, daß dieses einfache Beispiel bereits im Kleinen dieselben Verhältnisse und Möglichkeiten sichtbar werden läßt, die uns auch im Großen, ja Weltumspannenden begegnen – wenn wir uns nur für den Unterschied zwischen dem Wohl eines Teiles einer gesellschaftlichen Gesamtheit und dem Wohl der Gesamtheit selbst weiterhin wachhalten.

In eben dem Aufsatz, der auch das soziale Hauptgesetz in der am Anfang dieses Kapitels zitierten Formulierung enthält, richtet

Rudolf Steiner die Aufmerksamkeit auf ein anderes Beispiel. «Wenn ich eine Fabrik kaufe, um durch dieselbe möglichst viel für mich zu erwerben, so werde ich sehen, die Arbeitskräfte so billig wie nur möglich zu erhalten, usw. Alles, was geschieht, wird unter dem Gesichtspunkt des persönlichen Eigennutzes stehen. – Kaufe ich dagegen die Fabrik mit dem Gesichtspunkte, zweihundert Menschen möglichst gut zu versorgen, so werden alle meine Maßnahmen eine andere Färbung annehmen.» (vgl. Geisteswissenschaft und soziale Frage, in GA 34). Wer durch die Herstellung von Industrieprodukten möglichst viel für sich gewinnen will, stellt sich selbstverständlich ein anderes Ziel als derjenige, der das Wohl der gesamten Mitarbeiterschaft und ihrer Familien dabei im Auge hat. Ersteres wird er unter heutigen Verhältnissen um so besser erreichen, je weniger er gezwungen ist, dabei auf die Bedürfnisse der Belegschaft Rücksicht zu nehmen, etwa dadurch, daß er seine Fabrik in einem Land betreibt, in dem Arbeitskräfte für wenig Geld zu haben sind, die vorgeschriebenen Sozialleistungen gering oder gar nicht vorhanden sind usw., kurz: die Verhältnisse es ihm gestatten, einen möglichst großen Teil des Verkaufserlöses für sich selber zu beanspruchen. Als gesetzmäßige Folge dieses Verhaltens aber wird, je besser dies ihm gelingt, das Gesamtwohl der Mitarbeiterschaft sich entsprechend vermindern. Demgegenüber würde sich dieses Gesamtwohl um so mehr steigern, je mehr ihm der Versuch gelingt, unabhängig von den selbstverständlich unterschiedlichen Leistungen der einzelnen Mitarbeiter den Verkaufserlös der hergestellten Waren in eine bedarfsbezogene Einkommensbildung zu verwandeln.

Aber machen wir noch einen weiteren Schritt. Es ist ja wirklich kein Geheimnis, daß innerhalb der heutigen Wirtschaft die Verhaltensweise überwiegt, aus der nicht nur Fabrikanten das finanzielle Erträgnis ihrer Leistung möglichst ungeschmälert für sich beanspruchen, sondern daß jedermann seine Arbeit möglichst hoch bezahlt haben will. Wie kommt es dann aber, daß heute – entgegen den nach dem sozialen Hauptgesetz zu erwartenden negativen Folgen für das Gesamtwohl – beispielsweise in Westdeutschland niemand unter materieller Not in demjenigen Sinne zu leiden braucht, in dem dies gegenwärtig in vielen anderen Teilen der Welt leider selbstverständlich ist? Weil, so muß geantwortet werden, die meisten unserer im Berufsleben stehenden Mitbürger zwar das finanzielle Erträgnis ihrer Leistungen möglichst für sich selbst beanspruchen, diesem Anspruch jedoch durch die Steuer- und Sozialgesetzgebung staatlicherseits Grenzen gesetzt sind. Denn wer Steuern und Sozialbeiträge für Kranken-, Arbeitslosen- und Rentenversicherung bezahlt, wandelt zwangsweise einen Teil seines leistungsbezogenen Einkommens in bedarfsbezogenes Einkommen für heranwachsende, im Rentenalter stehende, arbeitslose, wirtschaftlich schwache, im Staatsdienst oder im «kostenfreien» Bereich beschäftigte usw. Teile der Bevölkerung Westdeutschlands um. Und nur, weil uns derjenige Teil unseres Einkommens, den wir nicht für uns selber beanspruchen können, auch schon nicht mehr interessiert, werden wir nicht gewahr, daß hier, auch gegen unseren Willen, fortwährend eine Korrektur der negativen Folgen unseres Verhaltens vorgenommen wird. Wenn auch der Umweg über den Staat längst nicht die praktischste und rationellste Form ist, in der diese Korrektur gedacht werden kann, so macht doch auch diese schwerfällige und unrationelle Form deutlich, daß die Aussagen des sozialen Hauptgesetzes ebenfalls für eine gesellschaftliche Gesamtheit von der Größe Westdeutschlands zutreffen.

Die Frage dagegen, wodurch der durchschnittliche Lebensstandard in der BRD so hoch über dem durchschnittlichen Lebensstandard des größten Teiles der Erdbevölkerung liegt, ist durch eine solche Untersuchung noch nicht beantwortet. Denn auch eine gleiche Steuer- und Sozialgesetzgebung erhöht in einem Land mit geringerem Sozialprodukt – und eben darum handelt es sich ja zumeist – selbstverständlich nicht den möglichen Durchschnitt des Lebensstandards. Eine zutreffende Antwort auf diese Frage könnte sich erst dann ergeben, wenn man sich die Gegenfrage stellt und beantwortet, ob wohl der westdeutsche Lebensstandard so hoch bzw. derjenige in vielen Ländern der Erde so niedrig wäre, wenn wir zusammen mit andere Industrieländern für die von dort bezogenen Rohstoffe und Halbfabrikate Preise zu zahlen hätten, die es der dortigen Bevölkerung erlaubten, ihren tatsächlichen Bedarf zu decken. Weiterhin würde bei der Behandlung gerade dieser Frage sichtbar werden, daß der Gültigkeitsbereich des sozialen Hauptgesetzes sich in seinem Schwerpunkt zweifellos auf die Preis- und die auf sie aufbauende bedarfsgerichtete Einkommensbildung bezieht und daß nur dort, wo kein ausreichender Erlös durch Preisbildung auftritt, zusätzliche Instrumente der Einkommensbildung wie Sozialabgaben, Steuern, Schenkungen, Spenden usw. entwickelt werden müssen. (Dazu Anmerkung 6, Seite 157.)

Das Gesagte mag für den gegenwärtigen Augenblick unserer Auseinandersetzungen genügen, um sichtbar zu machen, daß es sich auch hinsichtlich der finanziellen Erträgnisse bei dem sozialen Hauptgesetz nicht darum handelt, nur ein über der sozialen Wirklichkeit schwebendes Ideal menschlichen Verhaltens aufzustellen, sondern vielmehr darum, jedem Menschen möglich zu machen, die gesetzmäßigen Folgen verschiedener Verhaltensweisen – bei ihm selbst und bei anderen – kennenzulernen. Gerade dadurch aber erhält jeder die Möglichkeit, sich das Ideal seines sozialen Verhaltens, je nach seinem menschlichen Anliegen, *selber* zu bilden. (Vgl. auch Anmerkung 7, Seite 159.)

Insofern es sich bei den Erträgnissen der eigenen Leistung um Waren und Dienstleistungen handelt, haben wir weiter oben diese verschiedenen Arten des Verhaltens durch die Doppelheit von Fremdversorgung und Selbstversorgung charakterisiert. Diese Charakteristik ist auch, wenn wir das Ungewöhnliche des Wortgebrauches dabei in Kauf nehmen, auf die finanziellen Erträgnisse der eigenen Leistungen anwendbar: *Das Heil einer gesellschaftlichen Gesamtheit wird um so größer, je mehr sich der einzelne auch in finanzieller Hinsicht als Fremdversorger verhält, und es wird um so kleiner, je mehr er in finanzieller Hinsicht Selbstversorger bleibt.* Da heute die letztere Verhaltensweise bei weitem überwiegt, wird die auf Fremdversorgung beruhende Fähigkeit der Arbeitsteilung, den in der menschlichen Gesellschaft auftretenden Bedarf an Waren und Dienstleistungen zu befriedigen, fortwährend von einer gegenläufigen Tendenz durchkreuzt. Not und Elend auch innerhalb der arbeitsteiligen Gesellschaft sind die gesetzmäßige Folge dieser Gegenläufigkeit.

*

Diese Not und *dieses* Elend hat also weder mit Mißernten, Rohstoffmangel usw., noch mit fachlicher Untüchtigkeit oder Arbeitsunlust etwas zu tun, sondern einzig und allein damit, daß sich eine primitive Stufe des menschlichen Wirtschaftens, nämlich die der Selbstversorgung, auch heute noch störend, ja zerstörerisch in die moderne, ihrem Wesen nach ganz auf Fremdversorgung abstellte Arbeitsteilung hineinschiebt. Um der gemeinten Art von Not und Elend zu entgehen, gibt es daher kein anderes Mittel, als den Umgang mit den finanziellen Erträgnissen unserer Leistungen endlich auf dieselbe Entwicklungsstufe zu heben, die für unseren Umgang mit den von uns hervorgebrachten Waren und Dienstleistungen schon lange selbstverständlich ist: eben die der Fremdversorgung. Dabei ergibt sich allerdings unerwartet eine in der Sache selbst liegende Schwierigkeit. Die rationelle Versorgung anderer Menschen setzt natürlich voraus, daß man den Bedarf dieser anderen Menschen kennt. Während es nun verhältnismäßig einfach ist, den Bedarf an Waren und Dienstleistungen, auch wenn dieser vielseitig und aufwendig ist, wahrzunehmen und festzustellen, erweist sich dies für den Geldbedarf als ungleich problematischer. Warum? Drei Gründe lassen sich im wesentlichen dafür anführen.

Blicken wir zunächst wieder auf die Vorgänge der Bedarfsbefriedigung. Im praktischen Leben läßt sich unser gegenwärtiger Bedarf an Waren und Dienstleistungen und seine Befriedigung von der unseres künftigen Bedarfes einigermaßen leicht abgrenzen, weil die meisten Waren nur begrenzt haltbar und lagerfähig sind und Dienstleistungen sogar nur in dem Augenblick, in dem sie erbracht werden, einen Sinn haben. Nicht so ist es mit unserem Einkommen. Geld läßt sich, um damit künftige Bedürfnisse zu befriedigen, verhältnismäßig bequem aufbewahren. In gewisser Hinsicht ist es sogar extrem «lagerfähig». Von solchen künftigen Bedürfnissen wissen wir allerdings zunächst mit Sicherheit nur, daß sie in irgendeiner Art eintreten werden; welchen Umfang sie aber haben werden, darüber können wir nur Mutmaßungen anstellen, die allzuleicht Spielball unserer Träume und Befürchtungen werden. So leicht sich also unser je gegenwärtiger Geldbedarf ausrechnen läßt, auch wenn dieses Ausrechnen nur in einem Zusammenrechnen dessen bestehen sollte, was wir einen Monat lang ausgegeben haben, so schwer ist dies für unseren künftigen Bedarf an Geld. Für jede Summe, über die zu verfügen unter vielleicht radikal veränderten Lebensumständen wie Krankheit, Invalidität, aber auch Berufswechsel, Familiengründung usw. notwendig werden könnte, ließe sich immer noch eine größere, genauso notwendige vorstellen. Dadurch erhält in unserer Vorstellung unser künftiger Geldbedarf eine Eigenschaft, die unser gegenwärtiger nicht hat. Dieser mag noch so groß sein: er bleibt bestimmbar, weil er endlich ist. Unser künftiger Geldbedarf aber hat, eben weil er gegenwärtig noch nicht bestimmbar ist, mehr oder weniger die Tendenz, uns «unendlich» zu erscheinen. Das aber prägt, eben weil Geld sich horten läßt, auch der Vorstellung unseres gegenwärtigen Geldbedarfes oft unbemerkt den Charakter der potentiellen «Unersättlichkeit» auf. – Eine Einkommensbildung aber, die dieser Art von Unersättlichkeit nachzukommen suchte, könnte kaum anders als damit zugleich einen künftigen Verfall der Kaufkraft (Inflation) bewirken – und somit die Schwächung gerade derjenigen Vorgänge, die durch Einkommensbildung ja vermittelt werden sollen: die der Bedarfsbefriedigung.

Zu der eben geschilderten gesellt sich eine zweite Schwierigkeit. Mit dem Geld, das wir gegenwärtig nicht verbrauchen oder für die Zukunft zurücklegen wollen, eröffnen wir gewöhnlich ein Bank- oder Sparkassenkonto und erwerben dadurch das Recht, einen kleineren oder größeren Anteil an den Zinseinnahmen zu erhalten, welche dem betreffenden Geldinstitut aufgrund der ausgegebenen Kredite zufließen. Um diese Zinsen bezahlen zu können, muß der Kreditnehmer – über die vereinbarte Rückzahlung des Kredites hinaus – sie wiederum z. B. auf die Käufer der von ihm hergestellten Produkte umlegen, indem er sie über einen um jenen Zinsanteil erhöhten Preis abgabepflichtig macht. Wir sparen also nicht einfach, sondern wir erwerben, solange wir nicht unsere Ersparnisse zur Befriedigung unseres gegenwärtigen Bedarfs brauchen, mit diesem Geld ein Recht, das andere verpflichtet, an uns Abgaben zu zahlen. Vergleichbares geschieht, wenn wir durch Kauf eines Grundstückes das Recht erwerben, andere von dem Gebrauch dieses Grundstückes auch dann auszuschließen, wenn wir es gar nicht selber in Benutzung nehmen, sondern es uns z. B. nur verschaffen, um später dieses Recht gegen einen entsprechend höheren Geldbetrag wieder zu veräußern. Falls wir nun den auf diese Weise angestrebten Erwerb von Rechten ebenfalls in unseren gegenwärtigen Geldbedarf miteinrechnen, wird dieser durch etwas verzerrt, was durch sich selber noch weniger begrenzt erscheint als unsere künftigen Bedürfnisse. Denn zu jedem Bankguthaben und zu jedem Grundstück läßt sich selbstverständlich ein doppelt so großes vorstellen, über das zu verfügen durchaus verlockend sein kann. Auf diesem Wege aber kommt zu der oben angedeuteten potentiellen «Unersättlichkeit» eine zweite, möglicherweise noch begehrlichere hinzu. – Eine Einkommensbildung, welche danach strebte, auch diese Art von Unersättlichkeit zu befriedigen, könnte also nicht anders als gleichzeitig schädigend in alle Vereinbarungen von Menschen über ihre gegenseitigen Rechte und Pflichten hineinwirken. Denn dadurch, daß Rechte käuflich sind und auf dem Markt (Grundstücksmarkt, Kapitalmarkt) gehandelt werden, wird die Gestaltung der gegenseitigen Rechte und Pflichten, statt eine Sache der Mündigkeit zu bleiben, selber mehr und mehr eine Sache des Geldes.

Eine dritte Schwierigkeit auf diesem Felde liegt in der Tendenz, die eigene Tüchtigkeit am Spiegel seines Einkommens erleben zu wollen oder sie, etwa durch den Erwerb von Statussymbolen, für andere zu demonstrieren. Statussymbol in diesem Sinne kann jeder Gegenstand werden, der teuer genug ist, daß er nur von jemanden erworben und unterhalten werden kann, der über ein hohes Einkommen verfügt. Da eine solche Sehnsucht im allgemeinen die Tendenz hat, sehr bald aus dem Auge zu verlieren, wie es wirklich mit der eigenen Tüchtigkeit und ihrer Bedeutung für die Welt steht, sind ihr wiederum aus der Sache heraus kaum Grenzen gesetzt. Je mehr sich daher jemand danach sehnt, diese eigene Tüchtigkeit – besonders in Konkurrenz mit der Tüchtigkeit anderer – wachsen zu sehen bzw. sehen zu lassen, um so stärker steht er dadurch auch in der Versuchung, noch eine dritte Art von «Unersättlichkeit» in das Urteil über seinen gegenwärtigen Geldbedarf hineinzunehmen und dadurch auf eine ständige Steigerung seines Einkommens bedacht zu sein. – Eine Einkommensbildung, die sich nach dieser dritten Art von Unersättlichkeit richtet, würde jedoch besonders auf alle Vorgänge der Zusammenarbeit zerstörend wirken, da es bei diesen ja nicht auf eine solche «Spiegelung» der Tüchtigkeit unserer Mitarbeiter an irgendwelchen Standardsymbolen, sondern gerade auf die Wahrnehmung ihrer je spezifischen Tüchtigkeit selber ankommt.

Durch die geschilderten Probleme besteht für die oben geforderte Entwicklung eines fremdversorgenden, d. h. auf den *Bedarf* des anderen Menschen bezogenen Umganges auch mit den finanziellen Erträgnissen unserer Leistungen eine zunächst unlösbar erscheinende Schwierigkeit. Denn dieser setzt einerseits – was nach Lage der Dinge also äußerst problematisch ist – voraus, daß sich der je gegenwärtige Geldbedarf überhaupt von jenen drei «Unersättlichkeitstendenzen» in der Lebenspraxis abgrenzen läßt. Und er setzt andererseits voraus, daß sich diese drei Tendenzen auf anderem Wege befriedigen lassen als durch Geld. Erst wenn das letztere gelänge, würde die erste der beiden Voraussetzungen praktikabel werden. Denn der je gegenwärtige Geldbedarf – als das einzige finanziell zu lösende Problem – wäre dann einfach das, was übrig bleibt, wenn die anderen drei gelöst sind. Diesen Weg schlägt nun tatsächlich die zwölf Jahre nach der ersten Veröffentlichung des sozialen Hauptgesetzes von Rudolf Steiner vorgelegte Idee der Dreigliederung des sozialen Organismus ein. Ihre Antwort auf die drei geschilderten Probleme besteht in einer dreimal verschiedenen sozialen Gestaltung der menschlichen Gesellschaft, der gegenüber jede finanzielle lediglich eine Ersatzbefriedigung darstellt. Dadurch bleibt die soziale Dreigliederung nicht bei einer bloß theoretischen Unterscheidung des in jedem Augenblick tatsächlich vorhandenen Geldbedarfes von jenen drei «Unersättlichkeiten» und den ihnen entsprechenden «Ersatzbefriedigungen» stehen, sondern arbeitet durch die von ihr angestrebte Gestaltung praktisch an dem selbstverständlichen Sichtbarwerden dieses tatsächlichen Bedarfes im Leben unserer Gesellschaft. Wir wenden uns daher von hier aus der sozialen Dreigliederung, bzw. zunächst der ihr zugrunde liegenden gesellschaftlichen Gesetzmäßigkeit zu.

Die Gesetzmäßigkeit der sozialen Dreigliederung

Mit der Veröffentlichung des sozialen Hauptgesetzes hat Rudolf Steiner gleichzeitig den entscheidenden Ansatz für die Ausbildung einer Sozialwissenschaft vorgelegt, die gesellschaftliche Vorgänge und Zustände vor allem in ihrer wesensmäßigen Beziehung zu der *Gesamtheit* von Menschen beschreibt, innerhalb derer sie stattfinden oder vorliegen. Eine solche Sozialwissenschaft brauchen wir heute mehr denn je. Denn einzig und allein die Einsicht in die innere Notwendigkeit dieser Beziehung ist es, die uns – da wir als Beobachtende und als Handelnde selbstverständlich immer nur in einem Teil der Gesamtheit stehen – in die Lage versetzt, unsere einzelnen Beobachtungen oder Handlungen selbst von dem gesellschaftlichen Ganzen her zu beurteilen bzw. gestaltend in dieses einzufügen. Und darauf kommt alles an, wenn Selbstverwaltung in diesem Ganzen eine echte Chance erhalten und eine planende und steuernde Fremdverwaltung überflüssig werden soll. Die weitere Verfolgung dieses wissenschaftlichen Ansatzes war es dann, die auch zum Auffinden und Formulieren dreier dem sozialen Hauptgesetz nebengeordneter Gesetzmäßigkeiten geführt hat. Sie sind weiter oben als die Hauptgesetze der drei Teilbereiche der menschlichen Gesellschaft, d. h. als die der Bedarfsbefriedigung, der Vereinbarung von Rechten und Pflichten und der Zusammenarbeit aufgezeigt worden. (Zu dem damit eingeschlagenen methodischen Weg vgl. Anmerkung 8, Seite 160.)

Freiheit, Gleichheit und Brüderlichkeit wurden dabei als drei Formen eines wahrnehmenden und tätigen Interesses sichtbar, das der eine Mensch für den anderen, für dessen Anliegen und für dessen Bedürfnisse entwickeln kann. Diesem steht nun eine andere Art von Interesse gegenüber: jenes, mit dem sich der Mensch auf die eigenen Bedürfnisse, die eigenen Anliegen usw., also auf sich selbst bezieht. Das erstere führt, wie wir gesehen haben, bei ungehinderter Entfaltung zu einem echt sozialen Verhalten gegenüber unseren Mitmenschen. Wozu aber führt das Interesse des Menschen an sich selbst? Klar ist: Wird diese Art von Interesse aktiv in die Gesellschaft hineingetragen, so können wir nicht die Augen davor verschließen, daß es auf die Dauer irgendwo menschliche Not erzeugen muß. Aus dem weiter oben Gesagten geht ja bereits hervor, daß auch die gesellschaftlichen Notstände unserer Zeit nicht von ungefähr kommen, sondern gesetzmäßig aus den Bedingungen hervorgehen, die wir durch unser Verhalten in die menschliche Gesellschaft hineintragen. Wir haben diese Bedingungen bisher einfach als ein Weniger an Brüderlichkeit, Gleichheit und Freiheit erwähnt. Aber dieses Weniger wird zumeist aktiv angestrebt: statt der Freiheit die Unfreiheit des anderen, statt der Gleichheit eine ihn entmündigende Ungleichheit, statt der Brüderlichkeit eine Unbrüderlichkeit mit ihm. Genauer beschrieben handelt es sich jedoch dabei um diejenigen Verhaltensweisen, die heute praktisch überall als die eigentlichen und völlig legitimen der Gesellschaftsgestaltung gelten und angewendet werden: das Streben nach Gewinnmaximierung zu Gunsten seiner selbst oder zu Gunsten der Gruppe, der man angehört; das Streben nach Entfaltung und Ausübung von Macht über andere Menschen, die dieser Gruppe nicht angehören; und das Streben nach Fremdbestimmung, d. h. das Streben, andere Menschen und Menschengruppen von außen her zu bestimmen und zu manipulieren. Diese Mittel aber sind zugleich – jede Analyse könnte das zeigen – diejenigen, die als die Ursachen der gesellschaftlichen Mißstände und Notstände unserer Zeit bezeichnet werden müssen.

Anders ist es, wenn das Interesse des Menschen an sich selbst gar nicht über den persönlichen Bereich hinausgreift, sondern allein innerhalb dieses Bereiches entfaltet wird. Wer als Berufstätiger nach Dienstschluß heim fährt, um sich von seiner Arbeit zu erholen, wendet sich allerdings seinen eigenen Bedürfnissen zu. Aber gerade dadurch schafft er die Voraussetzung, später wieder leistungsfähig an seine Arbeit zu gehen. Und wie hier im einfach zu überschauenden Sinne das Interesse an sich selbst, an den eigenen

Bedürfnissen usw. die notwendige Voraussetzung zur Arbeit für andere schafft, so ist das auch in umfassenderer Hinsicht der Fall. Denn innerhalb dieses persönlichen Bereiches wirkt das Interesse des Menschen an sich selbst nicht abbauend, sondern aufbauend. In ihm verwirklicht er vielmehr durch das Suchen und Finden seiner eigenen Denk- und Lebensformen in gewisser Beziehung sich selbst. Er gestaltet, bis in die Vorgänge der Aus- und Weiterbildung hinein seinen eigenen Angelegenheiten und Interessen nachgehend, sich zur selbständigen Persönlichkeit aus. Und je besonnener, kraftvoller, eigenständiger der Mensch dadurch wird, um so fruchtbarer kann er auch wiederum sich in seiner beruflichen Arbeit den Bedürfnissen und Angelegenheiten anderer Menschen zuwenden. Wird demgegenüber jemand, indem er als bloße «Arbeitskraft» betrachtet wird, wie das heute üblich ist, gehindert, auf diese Weise seinen eigenen Interessen nachzugehen, oder vermag er diesen Interessen keinen wirklich ihn erfüllenden Inhalt zu geben, so entsteht die Sucht, dieses Interesse auch in die Zeit seines Mitwirkens an den Aufgaben der Gesellschaft hineinzutragen. Die berechtigte Suche nach sich selbst wird so zur unberechtigten Selbstsucht. Und prägt, eben als Gewinnmaximierung, Machtentfaltung und Fremdbestimmung weit über den persönlichen Bereich hinausgreifend, den Zustand unseres gesellschaftlichen Lebens. (Vgl. auch das in Anmerkung 9, Seite 161, besprochene Beispiel.)

Warum müssen Gewinnmaximierung, Machtausübung und Fremdbestimmung in gesellschaftlicher Beziehung notwendig so wirken? Weil sie das Wohl einzelner Menschen oder Menschengruppen nicht dadurch fördern wollen, daß sie das Wohl der Gesamtheit, d. h. jedes seiner Glieder zu heben suchen, wie das bei dem Streben nach Brüderlichkeit, Gleichheit und Freiheit der Fall ist, sondern weil sie das Wohl eines einzelnen Gliedes zu Lasten der anderen befördern wollen. Sie versuchen fortwährend die Gesamtheit in einen über- und einen unterpriviligierten Teil zu zerlegen. Wenn diese Gesamtheit dennoch weiterexistiert, so deshalb, weil es durch Gewinnmaximierung, Machtentfaltung und Fremdbestimmung gerade gelingt, den unterpriviligierten Teil an die Interessen des überpriviligierten anzupassen. Dadurch aber entsteht – und das ist für unsere Auseinandersetzung außerordentlich wichtig – im

Gegensatz zu dem aktiv aus dem Interesse am anderen Menschen entspringenden Streben nach Brüderlichkeit, Gleichheit und Freiheit eine bloß passive Art des sozialen Verhaltens. Wenn wir beispielsweise unter den heute gewöhnlichen Verhältnissen den für eine Ware geforderten Preis zahlen, so nicht deswegen, weil wir dies aktiv von uns aus so wollen, sondern weil wir uns gezwungen sehen, uns dieser Preisforderung anzupassen. Wir reagieren damit lediglich auf den von außen auf uns zukommenden Druck. Und wie hier, so ist es fast überall. Indem jedermann aktiv nach seinem Vorteil sucht, nötigt er den anderen, für ihn zu sorgen. Nicht aber im Sinne einer aktiven, sondern eben im Sinne einer bloß passiven Fremdversorgung. Dennoch muß gesagt werden, daß diese bloß passive Art eines auf Anpassung bedachten sozialen Verhaltens es allerdings ist, die – durch Gewinnmaximierung, Machtausübung und Fremdbestimmung im anderen aktiv bewirkt – heute noch nahezu unser ganzes gesellschaftliches Leben trägt.

Aus welchen Sozialformen sich Fremdbestimmung, Machtentfaltung und Gewinnmaximierung innerhalb der Menschheitsgeschichte einmal entwickelt haben, mag hier dahingestellt bleiben. Für unsere Auseinandersetzung ist wichtig, daß sie gegenwärtig fast ganz von dem Interesse an sich selbst bzw. an der Gruppe, der man selber angehört, ergriffen worden sind und sich insofern mehr oder weniger entschieden zum Nachteil aller übrigen Glieder der gesellschaftlichen Gesamtheit auswirken. Nun mag sein, daß sich unter den heute vorliegenden Umständen Gewinnmaximierung, Machtentfaltung usw. vielerorts nicht vermeiden lassen; das müßte dann in jedem einzelnen Falle gründlich untersucht werden. Vorher aber ist es im höchstem Maße notwendig, sich darüber aufzuklären, wie diese drei Verhaltensweisen ihrer Wesensart nach auf die gesellschaftliche Gesamtheit wirken – und zwar gleichgültig, welche Absicht man mit ihnen verbindet. Solche Absichten mögen meinen, daß der Zweck auch hier die Mittel heilige. Falls ihr Zweck aber wirklich in dem sozialen Wachstum der gesellschaftlichen Gesamtheit bestehen sollte, käme es für sie eben darauf an, gewahrzuwerden, daß im Gegenteil dazu das eigentliche soziale Leben genau in dem Maße eingeengt und abgelähmt wird, in dem man sich dieser Mittel bedient.

Es mag beispielsweise durchaus richtig sein, daß sich in dieser oder jener Situation auf Fremdbestimmung, Machtausübung oder Gewinnmaximierung aus Gründen, die mit dem Verhalten der an dieser Situation beteiligten Menschen zusammenhängen, nicht verzichten läßt. Denn selbstverständlich kann jemand, der nicht in der Lage, zu gleichgültig oder unwillig ist, aus eigener Verantwortung zu arbeiten, dies eben nach Anweisung tun. Oder es muß selbstverständlich Macht ausgeübt werden, wo es Menschen vor Verbrechen zu schützen gilt. Und ebenso wird es sicher noch lange irgendeine vertraglich gezähmte Form von Gewinnmaximierung geben, da es fast immer für die gesellschaftliche Gesamtheit ungleich günstiger ist, daß jemand an einem auftretenden Gewinn persönlich beteiligt ist, als daß durch mangelnden Arbeitseinsatz, Nachlässigkeit usw. Verluste entstehen. Wichtig aber ist bei alledem, sich niemals darüber hinwegzutäuschen, daß es sich dabei dennoch nicht um sozial aufbauende Lebensvorgänge unserer Gesellschaft, sondern um Prozesse handelt, die, wenn sie die aufbauenden überwiegen, zu gefährlichen Erkrankungen des Gesellschaftsorganismus führen. Wo diese Prozesse dagegen nicht das Übergewicht haben, können sie – als unlebendige Einschlüsse – immerhin zu seinem Funktionieren so beitragen, wie etwa eine Prothese zum Weiterleben eines Menschen beitragen kann. Es ist gewiß kein Ideal, an Krücken zu gehen; aber dies kann, wenn anderes nicht mehr möglich ist, immer noch besser sein als auf das Gehen ganz verzichten zu müssen.

*

Gegenüber aller notwendigen Kompromißfähigkeit in den Wechselfällen des Lebens muß also geltend gemacht werden, daß es selbstverständlich keinerlei Hoffnung gibt, die sozialen Notstände der Gegenwart dauerhaft zum Besseren umzugestalten, solange durch sich selbst abbauende, ja zerstörende Kräfte für aufbauende gehalten werden. Und solange selbst diejenigen Menschen, denen diese Not zu wenden innerstes Anliegen ist, aus Unkenntnis zu denselben Mitteln greifen, welche es sind, die diese Not gebracht haben. Um diese in ihrer Eigenart zu durchschauen, kommt insbesondere in Betracht, daß jede von den drei als Fremdbestimmung, Machtausübung und Gewinnmaximierung charakterisierten Verhaltensweisen nicht allein in einen, sondern in alle drei der geschilderten gesellschaftlichen Lebensbereiche hemmend hineinwirkt.

Betrachten wir zunächst das Streben nach Gewinnmaximierung. Aus dem weiter oben Gesagten geht bereits hervor, daß uns zwar in bezug auf Waren und Dienstleistungen die arbeitsteilige Struktur unserer Gesellschaft fortdauernd dazu anhält, für andere zu sorgen und von anderen versorgt zu werden, wir aber in bezug auf unser Einkommen uns noch völlig als Selbstversorger verstehen. Es ist nicht einmal nur ein Bild, wenn davon gesprochen wird, daß wir beim Verkauf unserer Leistungen wie die jägerischen Selbstversorger frühhistorischer Zeiten auf Beute gehen. Die sprichwörtliche Jagd nach dem Geld ist eine – durch Spielregeln notdürftig gezähmte – Jagd nach dem Gelde anderer. Dadurch aber verlieren wir diese anderen im Grunde genommen aus dem Auge. Sie interessieren uns beispielsweise als Bedarfswesen nur insofern, als sie durch dieses oder jenes Bedürfnis für uns jagdbar werden.

Doch nicht nur ein echtes Interesse für den anderen als Bedarfswesen wird durch dieses Streben nach Gewinnmaximierung verhindert, sondern – wie wir gesehen haben – auch ein solches Interesse an dem anderen als einem mündigen Wesen. Je mehr Rechte käuflich sind, um so mehr Vereinbarungen entstehen, die von vornherein durch eine Ungleichheit der Vertragspartner in finanzieller Hinsicht geprägt sind. Und Entsprechendes gilt für alle Vorgänge der Zusammenarbeit, insofern Gewinnmaximierung möglich macht, der angedeuteten Sucht nachzuhängen, gegenseitig die eigene – vorhandene oder vermeintliche – Tüchtigkeit an Statussymbolen sichtbar zu machen und den anderen darin möglichst übertreffen zu wollen. Dann interessieren uns aber unsere Mitarbeiter beispielsweise nur noch insofern, als sie unsere Karriere entweder fördern oder ihr im Wege stehen.

Ähnliche Beobachtungen wie hier an den Vorgängen der Gewinnmaximierung lassen sich auch an denen des Machtstrebens oder der Fremdbestimmung machen. So zeigt jeder Blick auf das Verhalten des Staates und seiner Funktionäre gegenüber dem einzelnen Bürger in Deutschland während der Zeit des Nationalsozialismus, wie stark Machtausübung den anderen Menschen als mündiges Wesen nicht allein vergessen, sondern auch mißachten läßt. Aber Machtausübung negiert nicht weniger den anderen Menschen als Bedarfswesen durch Uniformierung und Reglementierung von Bedürfnissen und ihrer Befriedigung, wie sie heute z. B. in den staatssozialistischen Ländern Osteuropas geschieht. Wie wenig sie den Menschen als Fähigkeitswesen ernst zu nehmen in der Lage ist, läßt sich von der staatlichen Tendenz zur Bevormundung des Schulwesens, Gesundheitswesens usw. in der BRD bis zu der Monopolisierung fast aller Lebens- und Arbeitsgebiete durch den Staat in der DDR beobachten. – Entsprechend wirkt sich Fremdbestimmung nicht nur durch Bindung des menschlichen Fähigkeitswesens an Verordnungen, Richtlinien, Weisungen und Befehle aus, sondern sie beeinflußt als Wahlpropaganda und Meinungsmache den mündigen Menschen in der Ausübung seiner Rechte und Pflichten und manipuliert durch Werbung, Reklame, Moden usw. den Menschen als Bedarfswesen.

Die angeführten Beobachtungen genügen vorerst, um darzutun, daß Gewinnmaximierung, Machtausübung und Fremdbestimmung jeweils *in alle drei* der genannten Gebiete des gesellschaftlichen Lebens wirksam eingreifen. Damit stehen wir an der Schwelle zu einer für diesen Entwurf zum anthroposophischen Sozialimpuls außerordentlich wichtigen Einsicht. Denn während der andere Mensch uns durch seine dreifältige Natur vor eine dreifach differenzierte Aufgabe stellt, die wiederum nur auf dreimal verschiedene Weise gelöst werden kann, erscheint diese Differenzierung allerdings völlig unnötig, wenn die Gestaltung des gesellschaftlichen Lebens darin gesehen wird, dieses Leben durch Gewinnmaximierung, Machtausübung und Fremdbestimmung möglichst auf einen einzigen Mittelpunkt, der man selber ist oder dem man selbst angehört, hinzuordnen. Das aber heißt: ein aus echtem Interesse am anderen Menschen impulsiertes Sozialverhalten wirkt durch sich selbst auf eine Differenzierung der gesellschaftlichen Gesamtheit hin; ein Verhalten, das lediglich aus dem Interesse an sich selbst entspringt, bewirkt dagegen eine Zentralisierung dieser Gesamtheit zugunsten einzelner oder kleiner Gruppen.

Mit dieser Einsicht sind wir in der Lage, die oben dargelegten drei Hauptgesetze der Bedarfsbefriedigung, der Vereinbarung und der Zusammenarbeit in einem vierten zusammenzufassen, das sich etwa auf folgende Art formulieren läßt: *Je mehr eine gesellschaftliche Gesamtheit im Sinne von Brüderlichkeit, Gleichheit und Freiheit aus dem Interesse am anderen Menschen gestaltet wird, um so mehr entwickelt diese Gesamtheit eine dreigliedrig-differenzierte Struktur; je mehr sie dagegen im Sinne von Fremdbestimmung, Machtausübung und Gewinnmaximierung aus dem Interesse an sich selbst verwaltet wird, um so mehr tendiert sie zu einem einförmig-zentralistischen System*. Wie sehr das letztere heute der Fall ist, zeigt jeder aufmerksame Blick in die gesellschaftliche Gegenwart. Das heißt: Wie die oben dargelegten drei Hauptgesetze jeweils nicht nur das Entstehen, sondern auch das Verschwinden einer sozialen Erscheinung gesetzmäßig aus den durch Menschen geschaffenen Bedingungen entwickeln, so ist es auch hier. Auch das Hauptgesetz der sozialen Dreigliederung beschreibt nicht nur, wie diese Gliederung gesetzmäßig aus bestimmten Bedingungen hervorgeht, sondern darüber hinaus, wie ihr Verschwinden bzw. Nichtvorhandensein ebenso gesetzmäßig in von Menschen geschaffenen Bedingungen begründet ist. (Siehe dazu Anmerkung 10, Seite 162.)

*

Um einmal zur unmittelbaren Richtkraft für den Aufbau des sozialen Lebens der Gegenwart zu werden, muß unser Umgang mit dem aufgewiesenen Gesetz der Dreigliederung des sozialen Organismus heute allerdings die Tatsache miteinbeziehen, daß mit der Entwicklung der arbeitsteiligen Gesellschaft die für einander arbeitenden Menschen immer weniger einander noch persönlich begegnen. Schon durch die räumliche Entfernung der miteinander wirtschaftenden Menschengruppen und die durch Transport, Lagerhaltung usw. zeitlichen Verschiebungen zwischen dem Entdecken einer Marktlücke, Produktentwicklung, Bestellung, Fertigungsprozeß und Verkauf tritt eine Entfremdung zum anderen Menschen als Verbraucher, Vertragspartner und Mitarbeiter, ja sogar zum eigenen Erzeugnis ein, die vergangenen Zeiten unbekannt war. Die Anonymität der modernen Gesellschaft ist dadurch zunächst ein notwendiges Nebenprodukt der Arbeitsteilung geworden. In dieser Situation hätte es der *Erfindung gesellschaftlicher Formen* bedurft, durch welche die früher noch eher spontan entfalteten Kräfte eines Interesses von Mensch zu Mensch auch unter veränderten Dimensionen und Umständen hätten zur Wirksamkeit kommen können.

Erfindungen gesellschaftlicher Formen wurden in dieser Situation allerdings gemacht und verbreiteten sich rasch. Aber sie bezogen sich – wenn man einmal die zumeist unreflektierte Meinung derer, die sie propagieren, unberücksichtigt läßt – nicht auf die Förderung der je entsprechenden gesellschaftlichen Gesamtheit, sondern lediglich auf die Förderung eines Teiles dieser Gesamtheit unter Benachteiligung oder zumeist sogar Vernachlässigung anderer Teile. So beispielsweise die heute gebräuchlichen Formen des Privat- und des Staatskapitalismus, der hierarchisch gegliederten hoheitlichen oder bürokratischen Strukturen und der autoritär verordneten und propagandistisch verbreiteten Denk- und Handlungsweisen auf allen Lebensgebieten. Damit aber betreiben sie eine unabsehbare Vervielfältigung der das gesellschaftliche Leben ablähmenden und zerstörenden Vorgänge, wodurch die berührte Tendenz zur Anonymität ebenfalls unablässig gesteigert wird. Ein einigermaßen lebensfähiges Gleichgewicht zwischen sozial aufbauenden und sozial abbauenden Kräften in unserer Gesellschaft kann daher nur dann wiederum gefunden werden, wenn gegenwärtig bewußt daran gearbeitet wird, Erfindungen auch *solcher* gesellschaftlicher Formen zu machen und zu verbreiten, welche unter den heute vorliegenden Verhältnissen ebenfalls aufbauende Sozialkräfte zur Wirksamkeit bringen.

In der Art, wie hier diese Kräfte als Streben nach Brüderlichkeit, Gleichheit und Freiheit geschildert worden sind, scheinen sie allein auf die persönliche Begegnung von Mensch zu Mensch abgestellt zu sein. Die Frage aber besteht gerade darin, ob es auch über den engen Kreis der persönlichen Begegnung hinaus umfassende Formen solchen Menscheninteresses gibt. Die Aufgabe, solche Formen zu erfinden und zu verbreiten, vor allem aber: andere Menschen zu solchen Erfindungen anzuregen, stellte sich Rudolf Steiner mit seinen Vorschlägen zur Dreigliederung des sozialen Organismus bereits am Ende des ersten Weltkrieges. Sie beziehen sich auf

Einrichtungen und Verhaltensweisen, die, wie zu zeigen sein wird, nur verständlich werden, wenn man sie als gesellschaftliche Formen desselben Strebens nach Freiheit, Gleichheit und Brüderlichkeit auffaßt, das im ersten Teil der vorliegenden Schrift charakterisiert wurde. Von ihnen soll im zweiten Teil dieses Entwurfes zum anthroposophischen Sozialimpuls die Rede sein.

ASSOZIATIVES, DEMOKRATISCHES UND KORPORATIVES GESTALTEN DER MENSCHLICHEN GESELLSCHAFT

In einer gewissen Dumpfheit des sozialen Lebens wirkte zusammen, was im Grunde immer aus drei Quellen stammte. Die neuere Zeit fordert ein bewußtes Sichhineinstellen in den Gesellschaftsorganismus. Dieses Bewußtsein kann dem Verhalten und dem ganzen Leben der Menschen nur dann eine gesunde Gestaltung geben, wenn es von drei Seiten her orientiert ist.

Rudolf Steiner
(in GA 23, 2. Kapitel)

Vorbemerkung

Die aufgezeigten Gesetzmäßigkeiten der menschlichen Gesellschaft lassen uns nach und nach an jeder Stelle des sozialen Lebens das Wirken von zweierlei Arten von Vorgängen und Kräften verfolgen und erkennen. Die einen bauen die betreffende gesellschaftliche Gesamtheit auf, die anderen bauen sie auf die Dauer ab. Aus dieser Einsicht kann uns der Impuls erwachsen, heilend in das Leben der menschlichen Gesellschaft einzugreifen. Wer im Sinne dieses Impulses handeln will, steht allerdings vor einer Aufgabe, die weit über die rein wissenschaftliche hinausgeht. Zwar muß er selbstverständlich sich auch fernerhin ein genaues Bild davon machen, wie aufbauende und abbauende Kräfte einander in derjenigen Situation entgegenwirken, in welche er durch seine Aktivität eingreifen will. Aber zu diesem Bilde hinzu braucht er auch ein Bild von dem zu verwirklichenden Inhalt seiner Handlung. Dieser Inhalt ist zunächst noch nicht da; er muß ihn erst geistig hervorbringen, wenn er sich eine Vorstellung von ihm machen will. Das ist nur durch einen schöpferischen Prozeß möglich. Er muß sozial erfinderisch werden. Die allgemeine Einsicht in die Gesetzmäßigkeit des gesellschaftlichen Lebens, so sehr sie die notwendige Voraussetzung bildet, reicht dazu nicht aus. Er bedarf der Phantasie.

Die Fähigkeit einer solchen sozial engagierten Phantasie wollte Rudolf Steiner in seinen Zeitgenossen mit den Vorschlägen entzünden, die er am Ende des ersten Weltkrieges zur Neugestaltung des Gesellschaftsorganismus machte. Sie enthalten eine Reihe von sozialen Erfindungen, deren wichtigste im folgenden angeführt werden sollen. Es handelt sich dabei durchweg um gesellschaftliche Formen des Strebens nach Brüderlichkeit, Gleichheit und Freiheit, das heißt um solche, die im Sinne der dargestellten Hauptgesetze stets zugunsten der jeweiligen gesellschaftlichen Gesamtheit wirken und diese nicht – wie das bei den zwecks Gewinnmaximierung, Machtentfaltung und Fremdbestimmung gebildeten gesellschaftlichen Formen der Fall ist – in einen über- und einen unterprivilegierten Teil zertrennen.

Rudolf Steiner nennt dabei die gesellschaftlichen Formen des Strebens nach Brüderlichkeit *Assoziationen*, die des Strebens nach Gleichheit *Demokratien* und die des Strebens nach Freiheit *Korpo-*

rationen. Ihre Wesensart soll hier wenigstens so weit gekennzeichnet werden, daß sich durch das Gesagte hindurch die zu ihnen führenden, den einzelnen Menschen betreffenden assoziativen, demokratischen und korporativen Verhaltensweisen in Umrissen abzuzeichnen beginnen. Selbstverständlich könnte über diese drei Formen sozialen Verhaltens auch anders gesprochen werden; unter Umständen sogar so, daß man dabei völlig vergißt, daß sie aus einem sich zum Streben nach Brüderlichkeit, Gleichheit und Freiheit entfaltenden Menscheninteresse hervorkeimen. Aber dies soll hier gerade nicht geschehen. Denn nicht die äußere Organisation dessen, was Rudolf Steiner Assoziationen, Demokratien und Korporationen nennt, sondern die sie organisierende, d. h. sie zum Organ des gesellschaftlichen Ganzen machende Kraft einer umfassenden dreifachen Mitmenschlichkeit ist es, die im Mittelpunkt des anthroposophischen Sozialimpulses steht.

Aufgaben einer assoziativen Gestaltung des Wirtschaftslebens

Den Lebensbereich der menschlichen Gesellschaft, in dem es auf Befriedigung von Bedürfnissen, auf Bedarfsdeckung ankommt, bezeichnet Rudolf Steiner in der Regel als *Wirtschaftsleben*, faßt ihn aber durchaus anders als der gewöhnliche Gebrauch dieses Wortes vermuten läßt. So sagt er zur Charakteristik des Wirtschaftslebens beispielsweise:

«Zu tun hat dieses Leben mit all dem, was Warenproduktion, Warenzirkulation, Warenkonsum ist.»

«In dem Wirtschaftsleben steht der Mensch durch seine Interessen darinnen, die ihre Grundlage in seinen seelischen und geistigen Bedürfnissen haben» (GA 23, 2. Kapitel).

«Dieses Wirtschaftsleben liefert für den Menschen Güter, die er für seinen Konsum braucht. Wir brauchen heute noch gar nicht zu unterscheiden zwischen geistigen und physischen Gütern; denn auch geistige Güter können wirtschaftlich so aufgefaßt werden, daß sie eben für den menschlichen Konsum verbraucht werden» (GA 328, 24. 10. 1919).

«Geld kann im gesunden sozialen Organismus nichts anderes sein als eine Anweisung auf von anderen erzeugte Waren . . . Für dieses Gebiet nehmen auch die Leistungen, die entstehen aus der geistigen und staatlichen Organisation heraus, den Warencharakter an. Was ein Lehrer an seinen Schülern leistet, ist für den Wirtschaftskreislauf Ware» (GA 23, 3. Kapitel).

Schon aus diesen wenigen Sätzen ergibt sich, daß Rudolf Steiner das Wirtschaftsleben durchaus nicht allein auf die materielle Bedarfsdeckung eingeschränkt wissen will, sondern auch die Befriedigung seelischer und geistiger Bedürfnisse, soweit sie durch Dienstleistungen anderer geschieht, in diesen Bereich des gesellschaftlichen Lebens miteinbezieht.

*

Dennoch entstehen die eigentlichen Gestaltungsprobleme des modernen Wirtschaftslebens vorzugsweise auf dem Gebiet der durch materielle Güter vermittelten Bedarfsbefriedigung. So wird es beispielsweise weniger leicht ein Überangebot an Fahrleistungen der Verkehrsbetriebe einer Stadt geben als etwa eine Überproduktion an Kraftfahrzeugen seitens der sie herstellenden Firmen oder gar als eine Überproduktion dieser oder jener bei ihrer Herstellung oder Reparatur benötigten Einzelteile. Und zwar deswegen, weil Dienstleistungen – gleichgültig, ob es sich dabei um Leistungen des Verkehrsnetzes, des Gaststättengewerbes, des Gesundheitswesens, der Ausbildungseinrichtungen, der Justizbehörden, der Polizei usw. handelt – sich stets unmittelbar auf den ihrer bedürftigen Menschen richten und so der Bedarf nach ihnen auch während der Arbeit am Menschen abgelesen werden kann. Materielle Güter werden dagegen in der arbeitsteiligen Gesellschaft zumeist abgesondert vom Verbraucher auf Vorrat produziert. Selbstverständlich sind auch die Produkte der auf Verbrauchsgüter abgestellten Industrie für den menschlichen Bedarf bestimmt; aber besonders eine von dem Streben nach Gewinnmaximierung geprägte Produktionsweise hat es heute immer schwieriger gemacht, die Produktion selber auch nur in bezug auf die Stückzahl der hergestellten Produkte, geschweige denn in bezug auf ihre Qualität, Vielfalt und Reparaturfähigkeit, nach dem tatsächlichen Bedarf des Konsumenten zu steuern. Während gegenwärtig die Gefahr besteht, daß das auf diesem Wege immer abstrakter werdende Verhältnis zwischen Produzent und Konsument sogar in die Dienstleistungsbereiche einzudringen sucht, stellt Rudolf Steiner umgekehrt die Aufgabe, alles mit der Produktion, der Zirkulation und dem Konsum materieller Güter Zusammenhängende so zu gestalten, daß es wiederum etwas von der Unmittelbarkeit der Dienstleistungen erhält.

Wenn beispielsweise ein Unfallarzt die Wunde verbindet, die sich jemand beim ungeschickten Hantieren mit einer Säge zugezogen hat, so können wir in dieser einheitlichen Handlung drei Momente unterscheiden: Sie wird vom Arzt vollzogen, sie geschieht unmittelbar am Patienten und sie kommt letzterem zugute. Was sich daher heute bei der Bedarfsdeckung durch materielle Güter in Warenproduktion, Warenzirkulation und Warenkonsum zeitlich und räumlich also in drei verschiedene Vorgänge auseinanderlegt, geschieht in der Dienstleistung des Unfallarztes noch in einem einheitlichen Prozeß, obwohl auch hier die Produzentenseite durch den Arzt, die Konsumentenseite durch den Patienten und die Zirkulation dadurch repräsentiert ist, daß die Leistung der einen Seite unmittelbar an der anderen vollzogen wird. Diese – gewöhnlich unreflektierte – Einheit gehört selbstverständlich zum Wesen der Dienstleistung, so daß ihre Erwähnung vollständig unnötig erscheint. Und doch macht gerade die Besinnung auf sie uns auf ein entscheidendes Charakteristikum der modernen Wirtschaft aufmerksam: auf den Umstand, daß diese Einheit es ist, die um so mehr zerbricht, je mehr die Bedarfsbefriedigung durch Dienstleistung in eine solche durch arbeitsteilig hergestellte Güter übergeht. Infolgedessen treten Produktion, Zirkulation und Konsum mehr und mehr voneinander abgesondert auf. Damit aber entsteht auch die Gefahr, daß der Produzent sich nicht mehr genügend am Konsumenten orientiert. Für den als Beispiel genannten Unfallarzt gibt es keinerlei Möglichkeit, mehr Wunden zu verbinden als seine Patienten haben; wo sich dagegen die Einheit des reinen Dienstleistungsvorganges in die voneinander getrennten Vorgänge des Fertigens, Verteilens und Verbrauchens aufgelöst hat, besteht ständig die Gefahr, auch zahlenmäßig am tatsächlich vorhandenen Bedarf vorbeizuproduzieren. Wie läßt sich, so muß daher gefragt werden, die in der Dienstleistung noch selbstverständlich vollzogene Einheit auch dort entwickeln, wo sie sich innerhalb der modernen arbeitsteiligen Wirtschaft in verschiedene Vorgänge auseinanderlegt?

Eine auf die je konkrete Situation zugestaltete Lösung dieses Problems zu suchen, ist die Aufgabe der hier zu besprechenden Gestaltung des Wirtschaftslebens. Sie läßt sich finden, wenn Verbraucher, Händler und Hersteller sich nicht mehr – vom Prinzip des persönlichen Gewinnstrebens geleitet – fortwährend gegeneinander abgrenzen, sondern mehr und mehr miteinander ins Gespräch zu kommen suchen, um gemeinsam an einer Antwort auf im wesentlichen folgende drei Fragen zusammenzuwirken: Was wird an Waren gebraucht? Was an Geld? Und wie entsteht der für alle Beteiligten optimale Preis? Die ersten beiden Fragen sind – allerdings unter der weiter oben gemachten Voraussetzung, daß es sich dabei um den je *gegenwärtigen* Bedarf handelt – zunächst allein Sache einer umfassenden Wahrnehmung. Die dritte schließt ein äußerst kompliziertes, gesamtwirtschaftliches Problem ein.

Als eine erste und unabdingbare Voraussetzung für die Vermeidung von Fehlproduktionen ist zunächst die Klärung der Bedarfslage: «Ohne diesen Sinn für den Bedarf des anderen Menschen gibt es überhaupt keine Gestaltung des Wirtschaftslebens. Das Wirtschaftsleben kann sich nur gestalten durch Menschen, die zunächst in ihren Gedanken über das Wirtschaftsleben ganz absehen können von ihren eigenen Bedürfnissen und die ein Gefühl haben für die Bedürfnisse irgend welcher anderen Menschen und dadurch lernen, sich in der Menschheit zu fühlen» (GA 338, 12. 2. 1921). Gegenüber einer solchen objektiven Bedarfserkenntnis entsteht allerdings die Schwierigkeit, sie sich ohne den gleichzeitigen Versuch vorzustellen, dabei die beobachteten Bedürfnisse zu zensieren, zu reglementieren oder zu uniformieren, wie das heute in den staatssozialistischen Ländern zum System erhoben wird. «Das ist die Grund- und Lebensfrage der Volkswirtschaft: daß von der Bedürfnisbefriedigung, und zwar von der freien Bedürfnisbefriedigung ausgegangen wird. ... Es darf in keiner Weise irgendeine Ansicht herrschen bei denjenigen, die zunächst die eben charakterisierte Aufgabe haben, ob irgendein Bedürfnis berechtigt ist oder nicht, sondern es muß sich lediglich handeln um das objektive Konstatieren eines Bedürfnisses» (GA 338, 16. 9. 1921).

Während so die Brüderlichkeit der Produzierenden gegenüber den Konsumierenden darin besteht, die herzustellenden Produkte nach Menge, Qualität, Reparaturfähigkeit usw. möglichst weitgehend dem tatsächlich vorliegenden Bedarf anzunähern, besteht die Brüderlichkeit der Konsumierenden gegenüber den Produzierenden darin, nun auch dafür Sorge zu tragen, daß «jeder Arbeitende für ein Erzeugnis so viel an Gegenwert erhält, als zur Befriedigung sämtlicher Bedürfnisse bei ihm und den zu ihm gehörenden Personen nötig ist, bis er ein Erzeugnis gleicher Arbeit wieder hervorgebracht hat» (GA 23, 3. Kapitel). Da unter Geld hier allein Anweisungen auf von anderen hervorgebrachte Waren und Dienstleistungen, nicht aber Mittel zum Kauf von Rechten und damit zur Machtausübung über andere zu verstehen sind, würde sich die Höhe etwa aus der Summe aller Preise errechnen, die der Betreffende in dem entsprechenden Zeitabschnitt zur Befriedigung seines – wiederum unreglementierten – Bedarfes zu entrichten hat. Dies aber bliebe bloß die unwirksame Feststellung eines zu fordernden Lebensstandards, wenn nicht die reale Gestaltung des Wirtschaftslebens auch jedem einzelnen Menschen – heranwachsende, nicht arbeitsfähige und alte Menschen eingeschlossen – ein solches Einkommen möglich machen würde. Zu dieser Gestaltungsaufgabe gehört daher, was beide, Ware und Geld, miteinander verbindet: der Preis.

Dieser muß nicht allein niedrig genug sein, damit alle Menschen ihren Bedarf an der betreffenden Ware auch wirklich decken können, sondern auch hoch genug, damit die an der Hervorbringung und Verteilung der betreffenden Ware arbeitenden Menschen dadurch ein genügend großes Einkommen erhalten können. Nun hat eine Ware, von der mehr produziert wird als auch gebraucht wird, die Tendenz zu billig zu werden, als daß die an ihrer Hervorbringung usw. Beteiligten von ihrem Erlös leben können. Hingegen wird eine Ware, von der mehr gebraucht als produziert wird, die umgekehrte Tendenz aufweisen. Sie wird zu teuer, als daß alle, die sie brauchen, sie sich auch leisten können. Der zu hohe oder zu niedrige Preis einer bestimmten Ware, sein Fallen oder Steigen kann Gradmesser dafür sein, ob mehr oder weniger Menschen an ihrer Produktion beteiligt sein sollten, um ein Gleichgewicht zu erreichen. Deshalb führt Rudolf Steiner aus: «Diese Mitte, ... dieser objektive Preis, der kann (zwar) nicht als solcher fixiert werden. Wenn aber Assoziationen entstehen, welche ihre Beschäftigung darin sehen, das wirtschaftliche Leben praktisch kennenzulernen, praktisch in jedem Augenblicke ... zu studieren, dann kann die Hauptbeobachtung darin bestehen, wie Preise steigen und wie Preise fallen. Und es kann dadurch, daß Assoziationen sich mit diesem Steigen und Fallen befassen, durch Verhandlungen das erreicht werden, daß eine genügend große Anzahl von Menschen ... sich mit einem Produktionszweig beschäftigt, daß man gewissermaßen durch Verhandlungen die rechte Anzahl von

Menschen in einen Produktionszweig hereinbringt» (GA 79, 30. 11. 1921).

Dabei muß berücksichtigt werden, daß der Preis eines Produktes sowohl für den Konsumenten, der ihn bezahlt, wie für den Produzenten, der ihn einnimmt, seine eigentliche Bedeutung immer erst im Verhältnis zu den Preisen aller anderen Produkte, d. h. durch seine Stellung im gesamten Preisgefüge des Wirtschaftslebens bekommt. Eine assoziative Gestaltung dieses gesellschaftlichen Lebensbereiches steht daher ebenso fortwährend vor der Aufgabe, jeweils zu entscheiden, wie weit beispielsweise eine durch ein technisches Herstellungsverfahren erreichte Verbilligung unmittelbar an den Konsumenten weitergegeben werden kann oder wieweit der hier entstehende Überschuß verwendet werden muß, um andere Produkte zu subventionieren, weil sie wegen ihrer Herstellungsweise sonst zu teuer für den Verbraucher würden. Dies ist z. B. ganz selbstverständlich für landwirtschaftliche Erzeugnisse der Fall, die heute innerhalb der europäischen Gemeinschaft bekanntlich auf dem kostenungünstigen Weg über die Steuer subventioniert werden. Aus diesem Grunde kann assoziative Gestaltung nicht allein die Angelegenheit von Konsumenten, Händlern und Produzenten innerhalb der einzelnen Warengattungen bzw. Produktionszweige sein, sondern sie verlangt Zusammenschlüsse übergreifender Art – was allerdings schon dadurch veranlagt ist, daß ja die Konsumenten in bezug auf eine Warengattung mehr oder weniger zugleich Produzenten in bezug auf andere Gattungen von Waren sein werden. So sagt Rudolf Steiner:

«Ja, wie kommen denn solche Verhandlungen zustande, die es mit dem gegenseitigen Warenwert zu tun haben? Niemals durch Organisation, durch Korporation des Gleichen, sondern lediglich durch Assoziation. Wie sollen Sie denn . . . herausbekommen, welches Verhältnis (beispielsweise) der Preis des Stiefels zum Preis des Hutes haben soll, wenn Sie nicht auf assoziativem Wege die Hutmacher mit den Schustern zusammenarbeiten lassen . . .? Assoziationen in *einer* Branche gibt es nicht, denn das ist keine Assoziation, sondern Assoziation geht von Branche zu Branche. . . . Dasjenige, was in der Entstehung – ich sage nicht Festsetzung, sondern Entstehung – des richtigen Preises walten muß, der aus der Erfahrung dann festgesetzt werden kann, wenn Assoziationen zusammenwirken mit ihren Erfahrungen, das kann nur durch ein assoziatives Leben sich entwickeln, das von Branche zu Branche geht» (GA 336, Fragenbeantwortung am 10. 10. 1920).

«Schon dadurch, daß sie von Konsumenten zu Produzenten hinübergehen, entstehen die Verbindungen zwischen den einzelnen Branchen; denn der Konsument von irgend etwas ist immer zu gleicher Zeit Produzent. Das geht schon ineinander.»

«Das ist der erste – ich möchte sagen – abstrakteste Grundsatz, daß die Assoziationen in der Zusammengliederung der verschiedenen Branchen bestehen. Sie werden am allergünstigsten wirken, wenn sie sich bilden zwischen der Landwirtschaft und der Industrie, aber so sich bilden, daß nun wirklich dadurch, daß solche Assoziationen zustandekommen, hingearbeitet wird nach einer entsprechenden Preislage» (GA 336, Fragebeantwortung am 12. 10. 1920).

Eine Fortsetzung dieser Gedanken hätte die Aufgabe zu zeigen, daß ein ebenso gearteter assoziativer Zusammenschluß nicht nur von Produktionsunternehmen untereinander, sondern auch mit den verschiedenen Dienstleistungsunternehmen – wie beispielsweise mit denen des Nachrichten-, Verkehrs-, Gesundheits- und Bildungswesens – weit weniger kostenaufwendig wäre, als diese Einrichtungen ganz oder teilweise aus Mitteln zu erhalten, die durch Besteuerung – und damit über einen aufgeblähten bürokratischen Apparat – eingezogen und wieder ausgegeben werden. Aber selbstverständlich kommt es auch hier nicht auf die finanzielle Verbindung alleine, sondern gerade darauf an, daß diese finanzielle Verbindung aus dem gegenseitigen Verständnis entsteht und von ihm getragen wird, während bei einem finanziellen Zusammenhang über Steuergelder die Frage nach dem gegenseitigen Verständnis dem Zufall überlassen bleibt oder künstlich durch meinungsbildende Maßnahmen hinzugefügt werden muß.

Ähnliches wäre schließlich in bezug auf alles zu sagen, was als Investitions- und Innovationsmittel denjenigen Menschen zur Verfügung stehen muß, die Gebäude, Maschinen, Werkzeuge usw. deswegen brauchen, weil sie für die Bedarfsbefriedigung anderer etwas Sinnvolles leisten wollen. Diese Mittel kommen heute u. a.

dadurch zustande, daß viele Menschen ein mehr oder weniger größeres Einkommen erhalten, als sie für die eigene Lebenshaltung brauchen, und die es daher anderen – in Form von Krediten und Beteiligungen – als Kapital zur Verfügung stellen. Dagegen würde von dem hier eingenommenen Gesichtspunkte aus auch nichts einzuwenden sein, wenn nicht dieses Zur-Verfügung-Stellen gleichzeitig mit einer Ausübung von Macht über diese anderen verbunden wäre. Eine durch Banken als reine Dienstleistungsunternehmen vermittelte assoziative Verknüpfung solcher Betriebe, bei denen durch den zustande gekommenen Preis Überschüsse entstehen, mit Kapitalsuchenden könnte künftig den Zugang zu Kapital auf eine völlig neue Basis stellen. (Vgl. auch Anmerkung 11, Seite 164.)

*

Assoziatives Verhalten als eine umfassende Gestaltungsweise des Wirtschaftslebens zu praktizieren meint mithin, die zunächst in der Begegnung mit dem einzelnen Menschen entwickelte gegenseitige Brüderlichkeit aktiv ebenso gegenüber der Gesamtheit aller zusammen wirtschaftenden Menschen zu pflegen.

In diesem Sinne lassen sich auch die oben gefundenen Formulierungen des für alle Bedarfsbefriedigungensvorgänge gültigen Hauptgesetzes um einen weiteren Schritt fortbilden: *Das Wirtschaftsleben einer gesellschaftlichen Gesamtheit entfaltet sich um so befriedigender, je mehr eine zu assoziativem Verhalten erweiterte Brüderlichkeit unter allen beteiligten Menschen praktiziert wird.*

Dabei geht aus dem bisher Ausgeführten hinreichend hervor, daß jeder ernsthafte Versuch, sich so zu verhalten, zu fortdauernden Gesprächen mit solchen Menschen führen muß, die an den verschiedenen Stellen des wirtschaftlichen Lebens – als Konsumenten, Händler und Produzenten – sachgerechte Einblicke zu vermitteln vermögen, da ohne sich mit dem Urteil anderer zu verbinden das eigene Urteil in diesem Bereich des gesellschaftlichen Lebens notwendig unzureichend bleibt. Mit assoziativer Gestaltung ist also das Gegenteil einer dem Wirtschaftsleben zu erteilenden anonymen Struktur gemeint, in deren Rahmen es «legal» ist, daß der eine den anderen zu übervorteilen versucht. Vielmehr ist mit dieser Gestaltung die Begründung einer Vielzahl von Stätten gemeint, an denen die beschriebene konkrete Brüderlichkeit gesellschaftlich gepflegt wird, indem Produzenten, Händler und Konsumenten sich zusammensetzen, um *miteinander* zu regeln, was bisher oft genug dadurch «geregelt» wurde, daß der einzelne – offen oder verdeckt – gegen die anderen durchzusetzen suchte, wovon er sich Vorteile versprach.

Solche Regelungen führen, wie wir gesehen haben, beispielsweise dazu, erst sorgfältig den jeweils vorliegenden Gesamtbedarf zu erforschen und mit anderen Produzenten zu besprechen, ehe man eine eigene Produktion beginnt. Sie führen weiterhin dazu, die Einkommensbildung so zu gestalten, daß jeder Arbeitende so viel an Gegenwert erhält, als er und die zu ihm gehörenden Personen brauchen, um alle ihre Bedürfnisse zu befriedigen. Und sie führen weit darüber hinaus schließlich dazu, in diese gegenseitige Brüderlichkeit alle Gruppen von Menschen miteinzubeziehen, von denen anläßlich der Preisbildung die Rede war, die noch nicht oder nicht mehr im Berufsleben stehenden Teile der Bevölkerung mit eingeschlossen.

Auf der Suche nach einer demokratischen Gestaltung des Rechtslebens

Den Bereich des gesellschaftlichen Lebens, den wir oben durch ein gemeinsames Vereinbaren von Rechten und Pflichten gekennzeichnet haben, nennt Rudolf Steiner das *Rechtsleben*. Er charakterisiert:

«In ihm macht sich alles geltend, was von dem Urteil und der Empfindung eines jeden mündigen Menschen abhängig sein muß. ... In diesem steht jeder dem anderen als gleicher gegenüber, weil in ihm nur verhandelt und verwaltet wird auf den Gebieten, auf denen jeder Mensch gleich urteilsfähig ist. Rechte und Pflichten des Menschen finden in diesem Gliede des sozialen Organismus ihre Regelung» (GA 23, Vorrede zur 2. Auflage).

«Während es das Wirtschaftsleben mit all dem zu tun hat, was der Mensch braucht aus der Natur und aus seiner eigenen Produktion heraus, mit Waren, Warenzirkulation und Warenkonsum, kann es dieses zweite Glied des sozialen Organismus nur zu tun haben mit all dem, was sich aus rein menschlichen Untergründen heraus auf das Verhältnis des Menschen zum Menschen bezieht» (GA 23, 2. Kapitel).

Dabei versteht es sich von selbst, daß dieses rechtliche Verhältnis von Mensch zu Mensch ebenso die mit Vorgängen der Bedarfsbefriedigung als auch die mit Vorgängen der Zusammenarbeit verbundenen gegenseitigen Rechte und Pflichten betreffen kann.

*

Auch hier kommt nun in Betracht, daß das gegenseitige Streben nach Gleichheit, wie es bisher geschildert wurde, nur dort zur Förderung dieser Verhältnisse ausreicht, wo die beteiligten Partner, wie bei einer privatrechtlichen Vereinbarung, sich unmittelbar gegenüberstehen. Wird dagegen von der zu treffenden Vereinbarung die gesellschaftliche Gesamtheit berührt, so kommt es wiederum darauf an, dieses Streben in einer gesellschaftlichen Form zu betreiben. Rudolf Steiner nennt diese gesellschaftliche Form zumeist «Staat». Er versteht also darunter eine gesellschaftliche Form, die sich auf einen wesentlich engeren Bereich der menschlichen Gesellschaft bezieht als das heute allgemein üblich ist: eben allein auf das Rechtsleben. «Ein solcher Rechtsstaat hat seinen eigenen Gesetzgebungs- und Verwaltungskörper, die beide nach Grundsätzen aufgebaut sind, welche sich aus dem Rechtsbewußtsein der neueren Zeit ergeben. Er wird aufgebaut sein auf den Impulsen im Menschheitsbewußtsein, die man gegenwärtig die demokratischen nennt» (GA 23, 2. Kapitel). Für die gesellschaftliche Form der Gleichheit ist daher der von Rudolf Steiner hier ebenfalls gebrauchte Ausdruck «Demokratie» wohl weniger mißverständlich.

Nur ein kleiner Teil der Erdbevölkerung lebt heute in Staaten mit einigen einigermaßen gesicherten demokratischen Traditionen. Und sicher wird in der Regel derjenige, der zu diesem Teil gehört, nicht so leicht mit dem anderen Teil der Erdbevölkerung tauschen wollen. Dennoch steht auch in solchen Staaten an vielen vitalen Punkten des gesellschaftlichen Lebens eine eigentlich demokratische Gestaltung noch aus. Betrachten wir beispielsweise die Bundesrepublik Deutschland. Das Grundgesetz dieses Bundesstaates erkennt in Artikel 12 jedem Deutschen gleichermaßen das Recht zu, Beruf und Arbeitsplatz frei zu wählen. Sachlich gesehen kann das nur heißen, daß – persönliche Eignung und das Vorliegen eines Bedarfs nach der entsprechenden Leistung vorausgesetzt – keine rechtlichen Hindernisse dieser Wahl entgegenstehen sollen. Solche Hindernisse aber sind auch heute in Deutschland, und zwar nicht nur etwa in der Deutschen Demokratischen Republik, reichlich vorhanden. Denn zur Ausübung der weitaus meisten Berufe braucht – falls nicht von vornherein Abhängigkeiten entstehen sollen – man das Recht, über ein kleineres oder größeres Stück Boden und über Kapital zu verfügen, um Investitionen vornehmen und qualifizierte Mitarbeiter gewinnen zu können, deren Einkommen – wie das eigene auch – es so lange zu sichern gilt, als die

Unternehmung selber noch nicht finanziell tragfähig geworden ist.

Dieses Verfügungsrecht aber ist heute nach ganz anderen Gesichtspunkten verteilt als solchen, die aus dem genannten Grundrecht der freien Wahl des Berufes und Arbeitsplatzes folgen. Denn ihre Übertragung von dem einen auf den anderen Menschen geschieht heute in den westlichen Ländern nicht durch eine reine Vereinbarung, sondern durch Erbschaft, Pacht oder Kauf. Wer also nicht schon über Grund und Boden – etwa durch Erbschaft – verfügt, ist durch diese Verhältnisse genötigt, sich das Verfügungsrecht über ihn beispielsweise käuflich zu erwerben. Verfügt er auch nicht über das dazu nötige Kapital, so muß er auch dieses zuerst kaufen. Das aber heißt, daß er, um seine Kapitalgeber zu befriedigen, gezwungen ist, entweder seinen Kunden entsprechend höhere Preise abzuverlangen oder seinen Mitarbeitern entsprechend weniger Einkommen zu erteilen. Für das Recht der freien Wahl des Berufes und Arbeitsplatzes aber folgt daraus, daß es heute durch ein anderes Recht durchkreuzt wird: durch das Recht, Grundstücke, Kapital und Arbeitskraft dem Meistbietenden zu verkaufen.

Es ist für das unbefangene Urteil einleuchtend, daß unter diesen Umständen auch für die Bürger der BRD von einer wirklichen Gleichheit des Rechtes auf freie Berufs- und Arbeitsplatzwahl nicht die Rede sein kann. Eine demokratische Gestaltung des gesellschaftlichen Lebens steht daher hier vor der Aufgabe, Einrichtungen zu schaffen, die den Zugang zu Grund und Boden, Kapital und auch Arbeitskraft auf ganz andere Weise eröffnen als durch Kauf. Und eben auf die Lösung dieser Aufgabe beziehen sich die Vorschläge Rudolf Steiners, diesen Zugang unabhängig von finanziellen Vorgängen durch den reinen Verhandlungsweg zu sichern. Auch unter den heutigen Verhältnissen wird ein solcher beispielsweise dann beschritten, wenn einer Gruppe von Menschen, die aus eigener Initiative eine gemeinnützige Einrichtung (ein heilpädagogisches Heim, ein Krankenhaus usw.) betreiben wollen, von der betreffenden Gemeinde, von der Stadt oder vom Staat etwa ein Grundstück oder Baukostenzuschüsse zur Verfügung gestellt werden. Nehmen wir einmal an, es handele sich darum, ob eine Gemeinde einer Gruppe von Ärzten ein Grundstück für den

Betrieb eines Krankenhauses kostenfrei zur Verfügung stellt oder nicht. Sie wird dies, falls überhaupt, nur dann tun, wenn sie davon überzeugt ist, daß ein Bedarf nach stationärer ärztlicher Versorgung vorliegt und daß die betreffende Ärztegruppe fähig ist, ein Krankenhaus aufzubauen und zu führen. Denn selbstverständlich ist der Aufbau eines Krankenhauses, für das kein Bedarf besteht oder das von dafür nicht befähigten Ärzten betrieben würde, eine sozial sinnlose Handlung – und zwar auch dann, wenn für das Grundstück ein Kaufpreis bezahlt würde. Hat die Gemeinde aber aufgrund von den die Tüchtigkeit der Ärztegruppe und den vorliegenden Bedarf betreffenden Empfehlungen und Erkundigungen sich entschlossen, ein Grundstück kostenfrei zur Verfügung zu stellen, so ist die Übertragung des Grundstückes an die Ärztegruppe ein reiner Rechtsvorgang. Diese erhält – unter Umständen auf einen zumutbaren Zeitraum befristet – das Recht, das Grundstück in dem von ihr angestrebten Sinne zu nutzen und andere Menschen für diese Zeit von der Benutzung des Grundstückes auszuschließen. Dadurch ist, wenigstens in diesem Punkt, das Recht auf freie Wahl des Arbeitsplatzes für die betreffenden Ärzte gesichert, ohne daß es erst auf dem Wege der Ausbeutung ihrer Patienten (bzw. deren Krankenversicherungen) oder ihrer Mitarbeiter finanziell erworben werden muß.

Der Zugang zu Grund und Boden, Kapital und Arbeitskraft durch einen rein rechtlichen Vorgang setzt verständlicherweise voraus, daß Boden, Kapital und Arbeitskraft für diesen Vorgang offenstehen. Das ist aber nur dann der Fall, wenn sie weder bereits einer anderen Initiative bzw. Aufgabe gewidmet sind, noch ihm das Recht anderer Menschen entgegensteht, bisher nicht genützten Grund und Boden, nicht angewendetes Kapital und nicht eingesetzte Arbeitskraft wie eine Ware zu verkaufen. So stand im obigen Beispiel das der Ärztegruppe durch einen reinen Rechtsvorgang zur Verfügung gestellte Grundstück dadurch für diesen Vorgang offen, daß die Gemeinde auf einen Verkauf verzichtete und es noch nicht anderweitig benutzt wurde. Das aber heißt für unser Problem: eine demokratische Gestaltung des gesellschaftlichen Lebens hängt auf diesem Gebiete davon ab, daß Grund und Boden, Kapital und Arbeitskraft nicht mehr verkauft werden können und damit durch sich selber einer unter mündigen Menschen getroffenen reinen Vereinbarung neutral gegenüberstehen. Diese kann selbstverständlich zum Inhalt haben, daß jeder, der Boden, Kapital und Arbeitskraft nicht als Spekulationsobjekt benutzt, diese, solange er will, auf die gleiche Weise verwendet wie bisher. Nicht also um eine Mißachtung des persönlichen Eigentumes handelt es sich, sondern um eine solche Art der Übertragung von Eigentum von einer Person auf eine andere, daß sein Gebrauch dadurch zugleich immer mehr dem Wohl der Allgemeinheit dient, wie es z. B. Artikel 14 des oben genannten Grundgesetzes fordert.

Worauf es daher ankommt, ist, Boden, Kapital und auch Arbeitskraft in dem Augenblick, in dem sie von ihrer bisherigen Aufgabe frei werden, zugunsten eines reinen Verhandlungs- und Vereinbarungsvorganges zu neutralisieren. Daß dies nicht nur für Boden und Kapital, sondern auch für Arbeitskraft gelten muß, läßt sich schon daran ablesen, daß wir hier oft nicht einmal warten, bis wir von der bisherigen Aufgabe frei werden, sondern ohne Rücksicht darauf, daß unsere Mitarbeit an unserem bisherigen Arbeitsplatz fehlt, eine besser bezahlte Stelle annehmen. Nicht aber um die Verhinderung einer durch den Verkauf von Boden, Kapital und Arbeitskraft ermöglichten aufwendigen, ja luxuriösen Lebenshaltung geht es bei dieser Neutralisation zugunsten eines reinen Rechtsvorganges. Vom demokratischen Gesichtspunkt ist in gewisser Beziehung sogar eine ausgesprochen luxuriöse Lebenshaltung von jemandem dessen eigene, sozial ziemlich uninteressante Privatsache. Der Umstand dagegen, daß er die Mittel dazu sich nur verschaffen kann, wenn er gleichzeitig durch seinen Grundbesitz, seine Aktien und seine Möglichkeit, Arbeitskraft nach seinem Gutdünken zu kaufen, Macht über andere Menschen ausübt oder ausüben läßt, muß unter diesem Gesichtspunkt als ein unerträglicher Gedanke empfunden werden. Diese zu fortwährender Ungleichheit führende Machtausübung über andere Menschen zu unterbinden und an ihre Stelle die reine Vereinbarung mündiger Menschen zu setzen, darin besteht also auch auf diesem Felde die Entwicklung des demokratischen Elementes.

Die diesbezüglichen Vorschläge Rudolf Steiners zielen auf die Schaffung von Einrichtungen, welche den in obigem Beispiel von der Gemeinde beschrittenen Weg so weiterbilden, daß die demokratische Verwaltung des Rechtslebens Gesetze beschließt, welche an die Stelle aller Verkäufe von Grund und Boden, Kapital und Arbeitskraft deren Übertragung durch eine freie Vereinbarung (bei gleichzeitiger Sicherung der persönlichen Lebenshaltung durch das besprochene assoziative Wirtschaftsleben) setzt. Die auf diese Weise entstehenden Einrichtungen würden dann – anstelle des Boden-, Kapital- und Arbeitsmarktes und der mit ihr verbundenen Spekulation – durch die das gesellschaftliche Leben selbstverantwortlich gestaltenden Bürger entscheiden, was an Grund und Boden, Kapital und Arbeitskraft neu entstehenden Unternehmungen zur Verfügung gestellt werden kann. Allerdings mit dem gegenüber dem obigen Beispiel gravierenden Unterschied, daß hierbei nicht die Gemeinde-, Stadt- oder Staatsverwaltung – auch nicht vorübergehend – das Verfügungsrecht über Grund und Boden usw. für sich selber besitzt, sondern lediglich dafür verantwortlich ist, daß die gemeinte Übertragung als solche zustande kommt. «Der Rechtsstaat wird nur eine Bestimmung darüber zu treffen haben, *daß* die Überleitung (z. B.) der in Frage kommenden Kapitalmassen in der angegebenen Art geschehe; nicht aber wird es ihm obliegen, Entscheidungen darüber zu treffen, zu welcher materiellen oder geistigen Produktion ein übergeleitetes oder auch ein erspartes Kapital zur Verfügung zu stellen ist. Das würde zu einer Tyrannis des Staates über die geistige und materielle Produktion führen.» «Statt dem *Gemeineigentum* der Produktionsmittel wird im sozialen Organismus ein *Kreislauf* dieser Mittel eintreten, der sie immer von neuem zu denjenigen Personen bringt, deren individuelle Fähigkeiten sie in der möglichst besten Art der Gemeinschaft nutzbar machen können. Auf diese Art wird zeitweilig diejenige Verbindung zwischen Persönlichkeit und Produktionsmittel hergestellt, die bisher durch den Privatbesitz bewirkt worden ist» (GA 23, 3. Kapitel).

Für die wirtschaftliche Fruchtbarkeit der Produktionsmittel (bzw. des in ihnen zum Ausdruck kommenden Kapitals usw.) ist ihre Verbindung mit den individuellen Fähigkeiten des Unternehmers selbstverständlich von entscheidender Bedeutung. Seine freie Verfügung über diese Mittel wurde bisher dadurch garantiert, daß sie sein privates Eigentum waren. Wie kann diese freie Verfügung weiter garantiert, der dadurch mögliche Mißbrauch aber, etwa wenn der Unternehmer nicht mehr bereit oder in der Lage ist, die Produktion fortzusetzen, jedoch ausgeschlossen werden?

«Im sozialen Leben sind zwei Dinge miteinander verbunden, welche von ganz verschiedener Bedeutung sind für den sozialen Organismus: die *freie Verfügung* über die Kapitalgrundlage der sozialen Produktion und das *Rechtsverhältnis*, in das der Verfüger zu anderen Menschen tritt dadurch, daß durch sein Verfügungsrecht diese anderen Menschen ausgeschlossen werden von der freien Betätigung durch diese Kapitalgrundlage. Nicht die *ursprüngliche* freie Verfügung führt zu sozialen Schäden, sondern lediglich das *Fortbestehen* des Rechtes auf diese Verfügung, wenn die Bedingungen aufgehört haben, welche in zweckmäßiger Art individuelle menschliche Fähigkeiten mit dieser Verfügung zusammenbinden.» «Die Möglichkeit, frei über die Kapitalgrundlage aus individuellen Fähigkeiten heraus zu verfügen, muß bestehen; das damit verbundene Eigentumsrecht muß in dem Augenblick verändert werden können, in dem es umschlägt in ein Mittel zur ungerechten Machtentfaltung» (GA 23, 3. Kapitel).

Allzusehr hat man bisher in den sogenannten demokratischen Staaten das entscheidende Gestaltungsproblem der Demokratie im Abhalten freier Wahlen, im Zulassen der freien Meinungsäußerung, im Gewähren von Versammlungsfreiheit usw. allein gesehen. Nun gibt es zwar keinen Grund, diese demokratischen Errungenschaften – besonders im Vergleich mit den staatssozialistischen Ländern Osteuropas – zu unterschätzen. Dennoch dürfen sie nur als ein Anfang betrachtet werden, der zudem noch durchaus gefährdet ist, da der Bürger, der beispielsweise von dem Recht der freien Meinungsäußerung Gebrauch machen will, in vielen Fällen wiederum Kapital usw. benötigt, um sich die Voraussetzungen zu einer angemessenen Ausübung dieses Rechtes zu verschaffen. Es kommt daher alles darauf an, diesen Anfang weiterzubilden. Und das eben will Rudolf Steiner, wenn seine Vorschläge den Kern der demokratischen Gestaltung in dem freien Zugang zu Grund und Boden, Kapital und Arbeitskraft erblicken. Von ihm her wird deutlich, daß die Ausübung der oben angeführten Rechte eben die selbstverständliche Vorbedingung für den mündigen Bürger bildet, seine Angelegenheiten selbst in die Hand zu nehmen. Dieses Indiehandnehmen aber ist nicht möglich, wenn zu der Chancengleichheit, an dem Zustandekommen eines Beschlusses mitzuwirken, nicht die Gleichheit der Chance tritt, diesen Beschluß in die Tat umzusetzen. Erst durch eine solche Weiterentwicklung des demokratischen Elementes werden alle Bürger eines Staates, auch wenn sie rassisch, kulturell, religiös usw. einer Minderheit angehören, auf gleiche Weise in die Lage versetzt, ihr Leben und Handeln aus eigener Initiative so zu gestalten, wie es ihrer je verschiedenen Eigenart entspricht. Statt dessen sieht sich heute der Staat von allen Seiten einem schier endlosen Anspruchsdenken ausgesetzt.

Es ist klar, daß Demokratie in diesem weiterentwickelten Sinne einer entsprechenden gesetzlichen Grundlage bedarf. Eine solche wird nicht ohne die Einsicht zustande kommen, daß tatsächliche Gleichheit – wie z. B. in bezug auf die freie Wahl des Berufes und Arbeitsplatzes – nur möglich ist, wenn der Zugang zu Boden, Kapital und Arbeitskraft, gegenüber jeglichem Marktgeschehen neutralisiert, freien Verhandlungen offen steht. Aber ebenso wird eine entsprechende Gesetzgebung nicht ohne den Willen der Bürger eines Landes zustande kommen, auf den zusätzlichen Gewinn zu verzichten, der sich aus einem vorteilhaften, d. h. die Abhängigkeit anderer Menschen ausnutzenden Verkauf von Boden, Kapital und Arbeitskraft ergibt. Den Widerstand gegen die Verabschiedung einer solchen gesetzlichen Grundlage wird man daher auch bei allen denen vermuten wollen, die heute eben über Grundbesitz oder Kapital verfügen. Das ist aber nur teilweise richtig. Man übersieht dabei leicht, daß dieser Widerstand nahezu ebenso stark in dem weit verbreiteten Lebensgefühl fast aller im Berufsleben stehenden Menschen verankert ist, vom Verkauf ihrer Arbeitskraft zu leben, und daß daher der Zugang zu ihrer Mitarbeit von dem dafür gebotenen Preis abhängig ist.

Zur Weiterentwicklung der Demokratie aber gehört auch, daß eine in Aussicht genommene Zusammenarbeit reine Verhandlungssache wird. Das aber ist erst dann möglich, wenn an die Stelle des heutigen Arbeitslohnes das Einkommen aller Mitarbeiter in einer Unternehmung durch ein vertragsgemäßes Teilungsverhältnis entsteht. So schreibt Rudolf Steiner in seinen «Kernpunkten»: «Durch soziale Einrichtungen, die in der Richtung des hier Dargestellten liegen, wird der Boden geschaffen für ein wirklich freies Vertragsverhältnis zwischen Arbeitsleiter und Arbeitsleister. Und dieses Verhältnis wird sich beziehen nicht auf einen Tausch von Ware (bzw. Geld) für Arbeitskraft, sondern auf die Festsetzung des Anteiles, den eine jede der beiden Personen hat, welche die Ware gemeinsam zustande bringen.» Anhaltspunkt für die Höhe des an die Mitarbeiter auszugebenden Einkommens kann dabei nicht deren je verschiedene Arbeitsleistung, sondern nur deren je verschiedener Bedarf sein, der mit dem Bedarf aller anderen in Einklang gebracht werden muß. Ja es handelt sich hier um «die Ablösung des Entlohnungsverhältnisses durch das vertragsgemäße Teilungsverhältnis in bezug auf das von Arbeitsleiter und Arbeiter gemeinsam Geleistete *in Verbindung mit der gesamten Einrichtung des sozialen Organismus*» (GA 23, 3. Kapitel).

Mag sein, daß es für den Blick des einzelnen als ein Vorteil erscheint, Beruf und Arbeitsplatz nicht nach seinen Begabungen, Fähigkeiten usw., sondern nach der Höhe des Preises zu wählen, für den er seine Arbeit verkaufen kann. Wenn sich dadurch aber in Berufen und an Arbeitsplätzen mit überdurchschnittlich hohen Einkommenschancen auch überdurchschnittlich viele Menschen befinden, deren Fähigkeiten den ihnen zufallenden Aufgaben nur im eingeschränkten Sinne gewachsen sind, so besteht an dieser Art von Auswahl – wenigstens von seiten der auf ihre Leistungen Angewiesenen – kein echtes gesellschaftliches Interesse. Aber auch nach einer anderen Seite wirkt sich diese Käuflichkeit von Arbeitskraft zerstörend aus. Wer Einkommen, obwohl es sich den Lebenstatsachen nach selbstverständlich auf Bedarfsdeckung bezieht, als den für eine Arbeit zu entrichtenden Preis betrachtet, wird ihn selbstverständlich mit anderen Preisen vergleichen. So auch mit den Preisen von Maschinen, die arbeitende Menschen ersetzen und dadurch die Betriebskosten, aber auch die Zahl der Arbeitsplätze verringern. Eine ständige Vernichtung von Arbeitsplätzen durch Rationalisierung ist die notwendige Folge. Die gegenwärtige Arbeitslosigkeit in großen Teilen der Industriegesellschaft hat also eine ihrer Wurzeln darin, daß wir mit der Gestaltung unserer

Demokratie auf halbem Wege stehengeblieben sind. Erst wenn wir uns dazu durchringen können, auch den Zugang zu Arbeitskraft finanziell zu neutralisieren, indem wir die Einkommensbildung nicht auf die Arbeit selber, sondern auf den Bedarf der Arbeitenden beziehen, wird dieser Zugang für Verhandlungen offen, die wirklich das Zusammenarbeiten selber zum Gegenstand haben.

*

Aus alledem wird deutlich, daß die im Hauptgesetz für diesen Bereich des gesellschaftlichen Lebens gekennzeichnete gegenseitige Gleichheit nicht allein Sache der einander unmittelbar gegenüberstehenden Menschen ist, sondern vor allem auch Sache der betreffenden gesellschaftlichen Gesamtheit als ganzer. Jeder einzelne muß sich sagen, daß sie nicht nur dem Interesse an der Mündigkeit des anderen, ihm persönlich begegnenden Menschen entspringt, sondern auch dem Interesse an der Mündigkeit derjenigen Menschen, denen er vielleicht nie begegnen wird, welche aber – wie er selber – beispielsweise auf freien Zugang zu Grund und Boden, Kapital und Arbeitskraft angewiesen sind. Diese Art von Interesse ist es, die den einzelnen Menschen dazu führen kann, sich immer mehr so zu verhalten, daß dieses Verhalten allmählich zu den hier nur angedeuteten demokratischen Einrichtungen führt. In diesem Sinne lassen sich die oben gefundenen Formulierungen des für alles Vereinbaren von Rechten und Pflichten gültigen Hauptgesetzes auf die folgende Art fortbilden: *Das Rechtsleben einer gesellschaftlichen Gesamtheit erweist sich als um so tragfähiger, je mehr es auf ein in demokratisches Verhalten gewandeltes Streben nach Gleichheit aller Partner gegründet wird.*

Eine derartige demokratische Verhaltensweise entsteht allerdings nicht nur dadurch, daß wir abwarten, bis sie gesetzlich «eingeführt» wird. Sie kann vielmehr auch dadurch entstehen, daß wir selbst, so weit die gesellschaftlichen Bedingungen unseres Lebens das jeweils zulassen, daran arbeiten, beispielsweise unsere Arbeitskraft, unsere Ersparnisse, unseren eventuellen Kapital- oder Grundbesitz nicht mehr zu verkaufen oder zu vererben, sondern sie zum Gegenstand einer solchen Vertragsgestaltung zu machen, die Ausgangspunkt einer für die gesellschaftliche Gesamtheit sinnvollen Entwicklung des demokratischen Elementes werden kann. Ja, im Grunde kann Demokratie nur auf diesem Wege entwickelt werden, d. h. dadurch, daß es immer mehr Menschen gibt, die auch dort ein echtes Interesse an der Mündigkeit aller Menschen zu praktizieren beginnen, wo ein solches bisher kaum oder nur sehr eingeschränkt vorhanden ist. (Siehe auch Anmerkung 12, Seite 165.)

Ansätze zu einer korporativen Gestaltung des Geisteslebens

Betrachten wir als drittes denjenigen Bereich des gesellschaftlichen Lebens, in dem Menschen gemeinsam ihre individuellen Fähigkeiten und Fertigkeiten zugunsten der ihnen gestellten Aufgabe einsetzen. Rudolf Steiner bezeichnet solche Fähigkeiten bis in die körperliche Geschicklichkeit und Kraft hinein nach ihrer schöpferischen oder jedenfalls schaffenden Potenz als *Geist.* Er nennt daher das Gebiet der menschlichen Zusammenarbeit zumeist *Geistesleben:* «Als . . . Glied, das ebenso selbständig sich neben die beiden anderen Glieder hinstellen muß, hat man . . . aufzufassen alles dasjenige, was sich auf das geistige Leben bezieht. Noch genauer könnte man sagen, weil vielleicht die Bezeichnung ‹geistige Kultur› oder alles das, was sich auf das geistige Leben bezieht, durchaus nicht ganz genau ist: alles dasjenige, was beruht auf der natürlichen Begabung des einzelnen menschlichen Individuums, was hineinkommen muß in den sozialen Organismus auf Grundlage dieser natürlichen, sowohl der geistigen wie der physischen Begabung des einzelnen menschlichen Individuums.» «Dieses Gebiet umfaßt alles von den höchsten geistigen Leistungen bis zu dem, was in Menschenwerke einfließt durch die bessere oder weniger gute körperliche Eignung des Menschen für Leistungen, die dem sozialen Organismus dienen» (GA 23, 2. Kapitel).

Dieser Bereich des gesellschaftlichen Lebens darf daher nicht einfach auf den des kulturellen Lebens eingeschränkt werden. Er kommt vielmehr in sämtlicher Berufsarbeit, d. h. überall dort in Betracht, wo jemand z. B. in einem Unternehmen mitarbeitet oder selbst ein solches begründet, weil er seine Fähigkeiten für andere nur dann fruchtbar machen kann, wenn er Mitarbeiter findet, die seine Fähigkeiten durch die ihren ergänzen oder verstärken.

*

Auch auf dem Felde der Zusammenarbeit stehen wir vor der Aufgabe, in größeren gesellschaftlichen Gesamtheiten zu pflegen, was schon im unmittelbaren Miteinander notwendig ist: das Streben nach der Freiheit der anderen Mitarbeiter. Werfen wir einen Blick auf die gegenwärtige Situation dieses Lebensbereiches, so läßt sich sagen: Ob es sich dabei um die Fabrikation von Verbrauchs- und Investitionsgütern oder um die Elektrizitäts- und Wasserversorgung, um den Betrieb eines Kauf- oder eines Krankenhauses, um die Arbeit in einem Theater oder einer Bildungseinrichtung handelt, stets unterscheiden wir heute zwischen Arbeitern und Unternehmern, Angestellten und Selbständigen und meinen damit den Unterschied zwischen dem weisungsgebundenen und dem selbstbestimmten Handeln von Menschen, die gemeinsam an der gleichen Aufgabe arbeiten. Eine Zusammenarbeit kommt dabei lediglich insofern zustande, als der Selbständige oder der Unternehmer dem Angestellten oder dem Arbeiter Weisungen darüber erteilt, wie er zu arbeiten hat. Eine feste Weisungshierarchie entsteht, wobei es für unsere Betrachtung gleichgültig ist, wieviel Glieder oder Zwischenglieder sie hat. Korporative Gestaltung als Streben nach gegenseitiger Freiheit hat das Ziel, solche Hierarchie künftig allmählich mehr und mehr durch ein selbständiges Miteinander zu ersetzen. Sie arbeitet daher daran, daß die Selbständigkeit des Zusammenwirkens *aller* Mitarbeiter immer mehr wächst.

Innerhalb der gesellschaftlichen Gegenwart sind allerdings die Zwänge, die aus dem Wirtschafts- und Rechtsbereich in den der Zusammenarbeit hineinwirken, in der Regel so groß, daß sie ohne eine mindestens partielle Neugestaltung des Rechts- und besonders des Wirtschaftslebens die Ausbildung eines solchen vom Streben nach gegenseitiger Freiheit geprägten Verhaltens außerordentlich erschweren. Das gilt insbesondere für den heutigen Zwang zu wirtschaftlicher Konkurrenz. Eine auf gegenseitiger Freiheit statt auf einer Weisungshierarchie beruhende Selbstverwaltung schließt zwar das Konkurrenzprinzip in bezug auf die Steigerung individueller Fähigkeiten und individuellen Einsatzes nicht aus, sondern fördert es sogar; aber aus ihren eigenen Bedingungen kann sich diese Selbstverwaltung nur entfalten, wenn die Konkurrenz in bezug auf die individuelle Tüchtigkeit nicht unmittelbar auch in das Wohl und Wehe des einzelnen auf wirtschaftlichem Gebiet umschlägt. Sie würde sonst selbstverständlich fortwährender Anlaß zu offener oder versteckter Manipulation der Mitarbeiter untereinander, sei es auch nur durch Vorenthalten notwendiger Information.

Und was so innerhalb des einzelnen Unternehmens gilt, hat verstärkt seine Gültigkeit für den korporativen Zusammenhang mehrerer Unternehmen untereinander. Auch ein solcher Zusammenhang kann sich seinem Wesen nach nur in einem vom Druck der konkurrierenden Preisbildung entlasteten Raum entwickeln. «Dadurch, daß man nicht (bei einer assoziativen Gestaltung des Wirtschaftslebens) zu konkurrieren braucht auf dem freien Markt, (daß) man nicht nötig hat, den Preis zu unterbieten oder dergleichen, . . . werden allerdings die Assoziationen – die sich im wesentlichen von Branche zu Branche begründen – durchzogen sein von jenen Vereinigungen, . . . die mehr herausfallen aus dem wirtschaftlichen Leben. Wenn sich diejenigen, die ein gleiches Produkt fabrizieren, verbinden, so wird das . . . eine gute Gelegenheit sein, daß sich mehr geistige Interessen da entfalten. Wenn da die Leute, die aus gemeinsamen Denkrichtungen heraus arbeiten, vorzugsweise dadurch, daß sie sich besser kennenlernen, einen gewissen moralischen Zusammenhalt haben. Wer real denkt, kann sehen, . . . daß abgelastet würde die Sorge um die Preisbestimmung von den Verbänden der gleichen Branche und die Preise lediglich bestimmt würden von den Verbänden der ungleichen Branchen. Es würde sich dadurch – indem das Moralische einziehen würde in die Verbände gleicher Branche – am besten die Brücke schaffen lassen zu der geistigen Organisation des dreigegliederten sozialen Organismus.» (GA 336, Fragenbeantwortung am 12. 10. 1920; Beispiele dazu in Anmerkung 13, Seite 166.)

In einer so auf wirtschaftliche Konkurrenz gebauten Gesellschaft wie unserer gegenwärtigen sieht man sich daher, um überhaupt Ansätze für eine korporative Entwicklung zu finden, zunächst ganz auf das Feld der innerbetrieblichen Zusammenarbeit verwiesen. Gewiß, weisungsgebundene Arbeit wird es voraussichtlich immer geben; aber es ist ein Unterschied, ob man die gesellschaftliche Entwicklung im Bereich der beruflichen Zusammenarbeit künstlich in dem Zustand der Weisungsgebundenheit zurückhält oder ob man diese Entwicklung fördert. Ein Mittel, um auch unter den gegenwärtigen Bedingungen die Entwicklung wenigstens ein Stück weit voranzubringen, bilden z. B. die von Rudolf Steiner vorgeschlagenen und – so viel sich sehen läßt – in der Stuttgarter Waldorf-Astoria-Zigarrettenfabrik zuerst durchgeführten Betriebsbesprechungen: «Und was von dem Geistesleben im engeren Sinne gilt, das hat seine Bedeutung auch für diejenigen Verzweigungen des geistigen Wirkens, die auf Grund des Kapitals in das wirtschaftliche Leben einfließen. Im gesunden sozialen Organismus soll der proletarische Arbeiter nicht an seiner Maschine stehen und nur von deren Getriebe berührt werden, während der Kapitalist allein weiß, welches das Schicksal der erzeugten Waren im Kreislauf des Wirtschaftslebens ist. Der Arbeiter soll mit vollem Anteil an der Sache Vorstellungen entwickeln können über die Art, wie er sich an dem sozialen Leben beteiligt, indem er an der Erzeugung der Waren arbeitet. Besprechungen, die zum Arbeitsbetrieb gerechnet werden müssen wie die Arbeit selbst, sollen regelmäßig von dem Unternehmer veranstaltet werden mit dem Zweck der Entwicklung eines gemeinsamen Vorstellungskreises, der Arbeitnehmer und Arbeitgeber umschließt» (GA 23, 3. Kapitel).

Die Möglichkeit, einen Schritt weiter in dieser Entwicklung zu gehen, ergab sich für Rudolf Steiner dadurch, daß die angebotenen Betriebsbesprechungen für die Arbeiter der Waldorf-Astoria-Zigarettenfabrik den Anstoß bildeten, auch nach einem entsprechenden Unterricht für ihre Kinder zu fragen, und der Unternehmer dieser Fabrikation, Emil Molt, an Rudolf Steiner mit der Bitte herantrat, eine solche Schule zu gründen und zu leiten. In der Bezeichnung «Freie Waldorfschule», welche diese Schule als «Mutterschule» einer sich ausbreitenden Schulbewegung heute noch führt, erinnert das Wort «Waldorfschule» an jene Gruppe von Menschen, für deren Kinder sie zunächst ins Leben gerufen wurde. Das Wort «frei» bezieht sich dagegen auf die Gruppe der innerhalb der Schule Tätigen, und zwar in zweierlei Richtung: untereinander und im Verhältnis zur staatlichen Schulbehörde. Beides, d. h. sowohl die Unabhängigkeit gegenüber dem Staat als auch das Streben nach gegenseitiger Freiheit untereinander, findet ihren

Ausdruck in der Bildung eines für alle pädagogischen Belange voll verantwortlichen Lehrerkollegiums. So verschieden Begabung, Vorbildung, Fähigkeit und Fachrichtung der einzelnen Lehrer auch immer sein mögen: Was sie verbindet, ist die gemeinsame Verantwortung für die Schule als pädagogische Einrichtung.

Im Unterschied zum staatlich gelenkten Schulwesen meint diese Verantwortlichkeit aber nicht das abstrakte Verhältnis der Schule zu einer ihr vorgesetzten Behörde, deren Richtlinien das Kollegium in seiner Arbeit zu befolgen hätte, um nicht bei mangelnder Einhaltung von dieser Behörde zur Rechenschaft gezogen zu werden. Unter Verantwortung wird von diesem Kollegium vielmehr die täglich gelebte Beziehung zu den ihm anvertrauten Kindern und deren Eltern verstanden. Das aber setzt voraus, daß die Mitarbeiter dieses Kollegiums sich die «Richtlinien» ihres Handelns bis in alle Einzelheiten hinein selbst geben. Diese enthalten, was sie als ihre Aufgabe gegenüber den Kindern und Eltern ansehen, wie – auf welche Weise – sie diese Aufgabe lösen wollen, in welcher Art sie untereinander, mit der Elternschaft usw. zusammenwirken wollen und welche Stellung sie zu den Bemühungen anderer Schulen oder überhaupt in das pädagogische Leben eingreifenden Einrichtungen einnehmen. Da hier diejenigen, welche diese Richtlinien geben, und diejenigen, die nach ihnen handeln, dieselben Menschen sind, so sorgt hier das Leben selber für etwas, das zu leisten eine vorgesetzte Behörde selbst bei bestem Willen niemals im Stande ist: fortwährend diese Richtlinien im Hinblick auf die konkrete, je gegenwärtige Aufgabensituation dieser oder jener bestimmten Schule zu modifizieren oder gar umzuschmelzen, sobald die Notwendigkeit dazu erkannt wird.

Damit ist im Grunde allerdings etwas gemeint, was mit dem «Aufstellen von Richtlinien» – besonders wenn man darunter unter allen Umständen ein schriftlich Fixiertes versteht – nur sehr unzulänglich umrissen ist. Vielmehr handelt es sich hier um einen Prozeß, der mit den täglich im Klassenraum gesammelten Erfahrungen beginnt, sich bei Hausbesuchen fortsetzt, in wöchentlichen Konferenzen gemeinsam verarbeitet wird, von da in die Unterrichtsarbeit zurückfließt und bis in die Elternabende und Elternkurse ausstrahlt. Selbstverständlich gelingt dies nicht überall sofort in gleichem Maße und erst recht nicht auf gleiche Weise. Während jedoch gerade durch die beschriebene Art von Selbstverwaltung ein vitales Interesse veranlagt wird, ständig neu von seiner eigenen pädagogischen Tätigkeit und von der seiner Kollegen, ja vom Leben überhaupt zu lernen und das Gelernte selbständig zu verarbeiten, bleibt dieser Prozeß bei der Verwaltung der Schule durch eine vorgesetzte Behörde allzuleicht einzelnen «Idealisten» überlassen, wobei sich dann letzten Endes für das Schulganze doch nur noch als wirksam erweist, was die Lehrer während ihrer Ausbildung gelernt haben und was durch die geltenden Richtlinien vorgeschrieben wird.

Wer jedoch weiß, wieviel für das Gedeihen des menschlichen Lebens gerade von dem eigenständigen Interesse abhängt, auch vom Leben zu lernen, wird sich allerdings die Frage stellen, ob und wieweit diese Art von Selbstverwaltung – auch abgesondert von der besonderen pädagogischen Prägung der Waldorfschulen – sich innerhalb des übrigen Schulwesens entwickeln ließe. Nach allem, was gesagt wurde, sollte einsichtig sein, daß diese Entwicklung jedenfalls nicht von außen, d. h. von einer vorgesetzten Behörde aus geschehen kann; diese kann eine solche nur zulassen. Sie jedoch vollziehen können immer nur die jeweils zusammenarbeitenden Lehrer, und zwar nicht auf «Anordnung», sondern weil sie es selber wollen. Das heißt, diese Art von Selbstverwaltung zu wollen hieße: einerseits, bereit zu sein, mehr und mehr alle durch Fremdbestimmung entstandenen Gewohnheiten abzulegen, andererseits aber die Bereitschaft zu entwickeln, verantwortlich mit sich selber und untereinander zu Rate zu gehen, wie man es bis in alle Einzelheiten hinein künftig mit seiner Zusammenarbeit halten will.

Dabei würde sich zeigen, daß auf jeden einzelnen Mitarbeiter vor allem vier Aufgabenrichtungen zukommen, ohne deren Berücksichtigung eine solche Selbstverwaltung kaum eine echte Chance hat:

1. die Aufgabe, vorurteilslos die Gesamtsituation zu studieren, vor der das Lehrerkollegium und die Elternschaft der betreffenden Schule stehen;
2. die Aufgabe, sich eine deutliche Vorstellung davon zu machen, was Lehrer und Eltern in bezug auf diese Situation tun wollen;

3. die Aufgabe, sich bei seiner Arbeit so viel als möglich mit den anderen Lehrern und den Eltern in Zusammenhang zu halten; und

4. die Aufgabe, aufmerksam alle Vorgänge zu beobachten, die gegen die von dem Lehrerkollegium und der Elternschaft geleistete Arbeit gerichtet sind, und nötigenfalls dagegen Stellung zu nehmen.

Für eine wirkliche Konsolidierung dieser Art von Selbstverwaltung wäre es allerdings nötig, eine Vorbereitung für diese vierfache Aufgabenstellung bereits in die pädagogische Aus- und Fortbildung bewußt und sorgfältig miteinzubeziehen.

Am deutlichsten hat Rudolf Steiner diese vier Voraussetzungen zum Aufbau einer korporativen Selbstverwaltung des Geisteslebens für die Verwaltung der innerhalb der Allgemeinen Anthroposophischen Gesellschaft geleisteten Arbeit dargestellt. In bezug auf jedes in ihr tätig sein wollende Mitglied führte er aus: «Ein solches wird sich klar sein müssen über die allgemeine geistige Lage der Menschen in der gegenwärtigen Zeit. Er wird von der Aufgabe der Anthroposophie eine deutliche Vorstellung haben müssen. Er wird, so viel ihm dies auch nur möglich ist, sich in Zusammenhang halten müssen mit den anderen tätigen Mitgliedern der Gesellschaft. Eine solche Persönlichkeit wird weit davon entfernt sein müssen zu sagen: es erregt mein Interesse nicht, wenn die Anthroposophie und ihre Träger von Gegnern in einem falschen Lichte dargestellt oder sogar verleumdet werden« (in GA 37, Die Stellung der Mitglieder zur Gesellschaft). Damit ist im Grunde jedoch nicht allein etwas gesagt, was nur im Bereiche des antroposophisch orientierten Geisteslebens gültig ist, sondern Entsprechendes gilt im Bereich jeglicher Zusammenarbeit. Je mehr es gelingt, die genannte vierfache Aufgabenstellung auf die Anforderungen der verschiedensten Berufsfelder zuzugestalten – die erwähnten Betriebsbesprechungen für alle Mitarbeiter sind bereits ein Anfang davon – desto größer ist die Chance, in diesem Bereich des gesellschaftlichen Lebens korporative Gestaltungsansätze zu entwickeln.

*

Mit dem Gesagten wird deutlich, wie das Streben nach gegenseitiger Freiheit sich zu einem Verhalten weiterentwickeln läßt, das dem einzelnen möglich macht, selbstbestimmt und korporativ, d. h. gleichzeitig frei und doch in genauem Zusammenhang mit seiner ganzen Mitarbeiterschaft zu handeln. Das Hauptgesetz aller Zusammenarbeit läßt sich daher durch die Formulierung fortführen: *Das Geistesleben einer gesellschaftlichen Gesamtheit entwickelt sich um so fruchtbarer, je mehr es aus einem zu korporativem Verhalten fortgebildeten Interesse an der Freiheit aller Mitarbeiter entspringt.* Insbesondere dann, wenn der Kreis der Mitarbeiter eines Betriebes wächst, oder es sich sogar um den korporativen Zusammenschluß einer Mehrzahl von an der gleichen Aufgabe arbeitenden Unternehmungen, Einrichtungen usw. handelt, ist die bewußte Ausbildung eines korporativen Verhaltens unerläßlich. Sonst etabliert sich der beabsichtigte Zusammenschluß – trotz anderer Absichten der Beteiligten – unvermerkt dennoch als eine den einzelnen Unternehmen vorgesetzte zentrale Behörde mit anwachsender Tendenz, die Selbstverwaltungsvorgänge in der Peripherie abzulähmen.

Zur Dreigliederung des Gesellschaftsorganismus

Wer dabei stehen bleibt, Bezeichnungen wie «Geistesleben», «Rechtsleben» und «Wirtschaftsleben» in dem heute üblichen Wortsinne zu verstehen, für den scheint die Dreigliederung Rudolf Steiners einfach auf dasjenige abzuheben, was wir als Gegenstände und Vorgänge der sozialen Welt gewohnheitsmäßig um uns herum gewahr werden. Eine Fabrik gehört dann z. B. ebenso selbstverständlich dem Wirtschaftsleben an wie etwa eine Universität dem Geistesleben. So lange man aber die Sache so auffaßt, liegt es zweifellos nahe, auch den in einer Fabrik arbeitenden Maschinenschlosser als im Wirtschaftsleben, den an der Universität arbeitenden Hochschullehrer als im Geistesleben tätig zu betrachten und schließlich den Hochschullehrer als Angehörigen des Geisteslebens, den Maschinenschlosser als Angehörigen des Wirtschaftslebens zu kennzeichnen. Das jedoch ist prinzipiell nichts anderes als die alte Einteilung nach «Lehr-», «Wehr-» und «Nährstand» in einem notdürftig erneuerten Gewande. Rudolf Steiner hat sich denn auch mehrfach gegen diese primitive Verwechslung nachdrücklich verwahrt. So auch in dem letzten von ihm über soziale Dreigliederung öffentlich gehaltenen Vortrag vom 29. August 1922: «Für alle jene Menschen, die zunächst, wenn eine neue Idee auftaucht, in die Bibliothek gehen und nachschauen, wo die registriert ist, mag das so sein; für denjenigen, der die Dreigliederung versteht, ist die Dreigliederung das Gegenteil von dem, was Plato geschildert hat als Nährstand, Wehrstand und Lehrstand, das genaue Gegenteil. . . . Für die damalige Zeit war die Gliederung in Nährstand, Lehrstand und Wehrstand richtig; heute sie wiederum auffrischen zu wollen ist absurd. Denn bei der Dreigliederung des sozialen Organismus handelt es sich nicht darum, daß hier wiederum die Menschen gegliedert werden, so daß einer drinnensteckt in dem Lehrstand, der andere in dem Wehrstand, in dem juristischen und Kriegerstand, der andere drinnensteckt in dem Nährstand, sondern es handelt sich um Einrichtungen, um Institutionen, in denen abwechselnd jeder drinnen sein kann, weil wir es in der neueren Zeit mit Menschen zu tun haben, nicht mit Ständen» (GA 305). In dem Augenblicke jedoch, wo wir diese drei Bereiche von den tatsächlichen Lebensvorgängen der menschlichen Gesellschaft, also von denen der Bedarfsbefriedigung, Vereinbarung und Zusammenarbeit her verstehen, ist das Kriterium der Teilhabe jedes – erwachsenen und arbeitsfähigen – Menschen an allen drei gesellschaftlichen Lebensbereichen voll erfüllt. (Vgl. auch Anmerkung 14, Seite 166.)

So betrachtet, treten allerdings das in aller Bedarfsbefriedigung sich darlebende Wirtschaftsleben, das in allem Vereinbaren sich darlebende Rechtsleben und das in aller Zusammenarbeit sich darlebende Geistesleben unlösbar miteinander verwoben auf. Und wer sich vor Augen hält, wie das allermeiste von dem, was als Ware oder Dienstleistung für die Bedarfsbefriedigung des Wirtschaftslebens bestimmt ist, doch erst durch die Zusammenarbeit des Geisteslebens hervorgebracht wird, wer weiter betrachtet, wie die Vereinbarungen und Verträge des Rechtslebens, beispielsweise als Warenbestellungen oder als Arbeitsverträge, das Wirtschafts- und das Geistesleben begleiten, der wird gewiß nicht glauben, daß soziale Dreigliederung etwa darin bestehen könnte, diese drei gesellschaftlichen Lebensbereiche voneinander zu trennen. Einfach deswegen, weil durch eine solche Trennung jedes dieser drei Gebiete sinnlos würde. Von Gliederung zu sprechen kann nur dann einen Sinn haben, wenn diese in etwas ganz anderem besteht als in einer Trennung. Das hier mögliche Mißverständnis hat Rudolf Steiner vor Augen, wenn er ausführt:

«Es scheint, daß viele Menschen deshalb sich in die Idee der Dreigliederung des sozialen Organismus nicht hineinfinden können, weil sie fürchten, diese Idee wolle in der Organisation des gesellschaftlichen Lebens auseinanderreißen, was in der Wirklichkeit in ungetrennter Einheit zusammenwirken muß. Nun ist richtig, daß der im wirtschaftlichen Leben tätige Mensch durch sein

Wirtschaften in rechtliche Verhältnisse zu seinen Mitmenschen kommt und daß sein geistiges Leben von diesen Rechtsverhältnissen abhängig ist und auch bedingt ist von seiner wirtschaftlichen Lage. Im Menschen sind diese drei Lebensbetätigungen vereinigt; indem er sein Leben führt, ist er in alle drei verstrickt.

Gibt dies aber auch einen Grund ab, daß diese drei Lebensbetätigungen von *einem* Mittelpunkte her verwaltet werden? Und bedingt es, daß alle drei nach denselben Prinzipien verwaltet werden? Im Menschen und seiner Tätigkeit fließt doch vieles zusammen, was aus den verschiedensten Quellen stammt. Er ist abhängig von den Eigenschaften, die ihm von seinen Vorfahren vererbt sind. Er denkt und handelt aber auch im Sinne dessen, was die Erziehung anderer Menschen, die nicht mit ihm verwandt sind, aus ihm gemacht hat. Wie sonderbar wäre es, wenn jemand behaupten wollte, der Mensch als Einheit würde zerrissen, weil von verschiedenen Seiten her Vererbung und Erziehung auf ihn wirken? Muß nicht vielmehr gesagt werden, daß der Mensch unvollkommen bliebe, wenn die Vererbung und die Erziehung aus *einem* Quell heraus an der Gestaltung seines Lebens arbeiteten? Was so von Natur aus von verschiedenen Seiten her auf den Menschen einströmen muß, um gerade durch diese Verschiedenheit den Bedürfnissen seines Wesens zu entsprechen, das *versteht* man, weil das Nicht-Verstehen absurd wäre. Aber man will sich nicht einlassen auf die Erkenntnis, daß Entwicklung der geistigen Fähigkeiten, Ordnung der rechtlichen Verhältnisse, Gestaltung des wirtschaftlichen Lebens nur dann den Menschen recht in ihre Kreise aufnehmen können, wenn sie innerhalb der gesellschaftlichen Ordnung, in der er lebt, von verschiedenen Mittelpunkten her nach verschiedenen Gesichtspunkten geregelt werden» (in GA 24, Sozialistische Seelenblindheit).

Um diese verschiedenen «Mittelpunkte» handelt es sich, wenn hier von Assoziationen, Demokratien und Korporationen als den je verschiedenen gesellschaftlichen Formen eines Strebens nach Brüderlichkeit, Gleichheit und Freiheit gesprochen wurde. In ihrer Differenziertheit liegt einer der Gründe, weswegen Rudolf Steiner von der menschlichen Gesellschaft als von einem Organismus sprach. Wie innerhalb des natürlichen Menschenorganismus drei verschiedenartige Funktionssysteme, ein Nerven-Sinnes-System, ein rhythmisches System und ein Stoffwechsel-Gliedmaßen-System, relativ voneinander unabhängig wirksam sind, weil sie von verschiedenen «Mittelpunkten» her gesteuert werden, so ist es auch im gesunden sozialen Organismus. Und wie jene Gliederung die leibliche Grundlage des individuellen Menschenlebens bildet, so bildet die Gliederung in ein assoziativ gestaltetes Wirtschaftsleben, ein demokratisch geordnetes Rechtsleben und ein korporativ verwaltetes Geistesleben die notwendige Grundlage eines der Würde des Menschen entsprechenden gesellschaftlichen Lebens. Der gesellschaftliche Organismus muß daher ebenso wie der natürliche dreigegliedert sein; er kann es aber nur sein, wenn der Mensch hier erst aus *eigener Aktivität* entwickelt, was nach der leiblichen Seite hin natürlicher Weise, d. h. ohne sein bewußtes Zutun zustande kommt. (Vgl. auch Anmerkung 15, Seite 168.)

Ein anderer Grund, hier von einem Organismus zu sprechen, ist der folgende: Wir haben gesehen, daß wir einen brauchbaren Begriff der menschlichen Gesellschaft nur erhalten, wenn wir diese nicht einfach als eine Ansammlung von Menschen denken, sondern unsere Gedanken sorgfältig auf eine Gesamtheit beziehen. Denn die innerhalb dieser Gesamtheit beobachtbaren gesellschaftlichen Vorgänge verhalten sich gerade zu ihr als einem Ganzen auf deutlich unterschiedliche Weise. Die einen fördern stets nur Teile dieser Gesamtheit, indem sie andere Teile benachteiligen. Die anderen fördern alle Teile der Gesamtheit, indem sie das Ganze fördern. Das erstere ist bei allen Vorgängen der Gewinnmaximierung, Machtausübung und Fremdbestimmung, das letztere in allem assoziativen, demokratischen und korporativen Verhalten der Fall. Durch diese je verschiedene Stellung zum Ganzen wird von den drei ersteren die jeweilige gesellschaftliche Gesamtheit gestört und abgebaut, durch die drei letzteren hingegen aufgebaut und geheilt. Wie im Leben des natürlichen Organismus physiologische Abbau- und Aufbauprozesse, Störungs- und Heilungsvorgänge einander entgegenwirken und das günstige oder ungünstige Gleichgewicht zwischen ihnen die je konkrete Lebensfähigkeit des Organismus bestimmen, so auch im gesellschaftlichen Leben. Auch dieses hängt mithin von dem je verschiedenen *Gleichgewicht* zwischen abbauenden und aufbauenden Vorgängen ab, die von den der betreffenden Gesamtheit zugehörenden Menschen und Menschengruppen ausgehen. (Vgl. dazu auch Anmerkung 16, Seite 170.)

Die Frage, ob ein solcher Ausgleich gefunden wird oder nicht, ist aber gleichzeitig die Frage nach der sozialen Dreigliederung selbst. Wir haben gesehen, daß diese nur in gesetzmäßiger Weise entwikkelt und nicht einfach «organisiert» werden kann, weswegen es in den voranstehenden Kapiteln darauf ankam, die neu gewonnenen Einsichten in die Formulierungen der drei Hauptgesetze des Wirtschafts-, Rechts- und Geisteslebens einzuarbeiten. Bei dem besprochenen assoziativen, demokratischen und korporativen Verhalten handelt es sich also immer um die Weiterentwicklung derselben Kräfte, die wir als Streben nach Brüderlichkeit, Gleichheit und Freiheit kennengelernt haben. Daher ist es zwar selbstverständlich nötig, eine korporative, demokratische und assoziative Gestaltung gesellschaftlicher Verhältnisse daraufhin zu unterscheiden, ob sie «makro-», «meso-» oder «mikrosoziale» Prozesse betrifft; wichtig aber ist dabei, gleichzeitig die Einsicht zu erwecken, wie schon unter mikrosozialen Verhältnissen Kräfte entwickelt werden können, die als Brüderlichkeit, Gleichheit und Freiheit bereits keimhaft enthalten, was meso- und makrosozial zu einer assoziativen, demokratischen und korporativen Gestaltung des Gesellschaftsorganismus führt.

Wie bereits weiter oben dargestellt, lassen sich die genannten drei Hauptgesetze in einem vierten, dem der sozialen Dreigliederung selbst, zusammenfassen. Ihm können wir an dieser Stelle unserer Auseinandersetzung folgende Gestalt geben: *Je mehr in einer arbeitsteilig geprägten Gesamtheit der menschlichen Gesellschaft Menschen und Menschengruppen durch ihr eigenes Verhalten danach streben, das Geistesleben korporativ, das Rechtsleben demokratisch und das Wirtschaftsleben assoziativ zu gestalten, um so intensiver entwikkelt diese Gesamtheit eine dreigliedrig-differenzierte Struktur; je mehr dagegen Menschen und Menschengruppen versuchen, durch Fremdbestimmung, Machtausübung und Gewinnmaximierung das Wirtschafts-, Rechts- und Geistesleben zu steuern, um so stärker verengt sich die gesellschaftliche Gesamtheit zu einem einförmig-zentralistischen System.* Dabei wurde weiter oben schon bemerkt, daß heute

Gewinnmaximierung, Machtausübung und Fremdbestimmung nicht nur von einzelnen Menschen, sondern in sorgfältig ausgebauten gesellschaftlichen Formen betrieben werden. Sie sind es, die in dem weitaus größten Teil der heutigen gesellschaftskritischen Publizistik – aber nicht nur dort – den Gegenstand erbitterter, aber zumeist zur Ohnmacht verurteilter Angriffe bilden. Einer anderen Aufgabe wendet sich der vorliegende Entwurf, besonders auch in seinem dritten Teil, zu: der Aufgabe, die Arbeitsweise aufzuzeigen, welche die von jenen gesellschaftlichen Formen der Gewinnmaximierung, Machtausübung und Fremdbestimmung verursachten Schäden im sozialen Organismus zu heilen und ihnen durch eine Neugestaltung dieses Organismus vorzubeugen vermag.

Wie aber sieht denn nun, so wird der Leser vielleicht unbefriedigt fragen, diese Neugestaltung, wenn sie einmal fertig ist, eigentlich aus? So verständlich diese Frage aus unserer durch die heutigen gesellschaftlichen Verhältnisse geprägten Seelenhaltung ist: beantworten läßt sie sich – da es sich nicht um die bloße «Verwirklichung» eines vorgeformten Gesellschaftssystems, sondern um die Entwicklung einer lebendigen Sozialgestalt handelt – stets nur insofern, als es schon gelungen ist, Brüderlichkeit, Gleichheit und Freiheit in gesellschaftlichen Formen zu entfalten und zu pflegen. Auf solche Anfänge soll an späterer Stelle dieser Schrift wenigstens hingewiesen werden. Vorerst aber ist es an dieser Stelle unserer Auseinandersetzung von großer Bedeutung, daß Rudolf Steiner zwar in dieser Richtung bereits Entstandenes ebenfalls zu schildern suchte, im übrigen aber es durchaus für möglich hielt, daß, wenn man mit der Idee der sozialen Dreigliederung einmal ernst machen würde, sich auch ganz andere Lösungen als die von ihm vorgeschlagenen ergeben könnten. «Ich würde mich gar nicht wundern, wenn die Wirklichkeit, sobald die Idee durchgeführt würde, gerade in der Ausführung keinen Stein auf dem anderen ließe von dem, was (von mir) ursprünglich angeführt wurde» (GA 186, 20. 12. 1918). Wiederum wird dabei deutlich, daß auch auf gesellschaftlichem Felde die Entdeckung der reinen Gesetzmäßigkeit von den selbstverständlich mannigfaltigen sozialen Erfindungen unterschieden werden muß, in denen die Gesetzmäßigkeit angewendet wird.

Gewiß, um hier sozial erfinderisch zu werden, genügt es keinesfalls, die Gesetzmäßigkeit der sozialen Dreigliederung lediglich zu durchdenken; aber es genügt eben auch nicht, drauflos zu handeln, ohne sich die Bedingungen zu vergegenwärtigen, aus denen eine dreigliedrige Struktur der menschlichen Gesellschaft gesetzmäßig hervorgeht. Das Wesen der sozialen Dreigliederung läßt sich im Grunde genommen nur verstehen, wenn man sie als *Arbeitsweise aus Erkenntnis handelnder Menschen* begreift, selbst wenn man für sich selber so zu handeln zu mühsam findet – und es daher anderen auch nicht zutraut.

Wer jedoch diese Mühe auf sich nimmt, dem erlaubt diese Arbeitsweise an alles, was im Leben unserer gesellschaftlichen Gegenwart zur Frage wird, von drei Seiten her schöpferisch heranzutreten. Denn eben nicht darauf kommt es in bezug auf den Gesellschaftsorganismus an, *«wie man die drei Glieder auseinanderbringt»*, sondern vor allem darauf, diese Differenzierung als den Weg zu begreifen, der zu beschreiten ist, *«um sie dann organisch zum Zusammenwirken zu bringen»*, wie Rudolf Steiner im vorletzten seiner öffentlichen Vorträge über die soziale Dreigliederung noch einmal betont (GA 305, 28. 8. 1922). Das aber heißt: Bei jedem der großen Probleme unserer gegenwärtigen Gesellschaft werden wir nur dann einer Lösung näher kommen, wenn es uns gelingt, sie mit gleicher Intensität vom assoziativen, vom demokratischen und vom korporativen Gesichtspunkt her anzugehen. Ja, je mehr wir in dieser Art vorgehen, um so mehr werden wir bemerken, daß letztlich im gesellschaftlichen Leben überall drei solcher Probleme zusammengehören; und daß wir zunächst diese Zusammengehörigkeit entdecken müssen, um wirksam an ihrer Lösung arbeiten zu können.

Durch alles, was er über die Dreigliederung des sozialen Organismus ausgeführt hat, versucht Rudolf Steiner zu dieser Arbeitsweise anzuregen. Es beruht nicht nur auf einer vollständigen Verkennung seines Anliegens, wenn man von seinen Ausführungen Rezepte oder Programme für diese oder jene Einzelfrage erwartet, sondern auch auf einer vollständigen Verkennung der Eigenart sozialer Probleme, wenn man meint, daß ihnen überhaupt durch Programme und Rezepte beizukommen sei. Auf die Dauer läßt sich eine Lösung nur erwarten, wenn sie aus der ureigenen erfindenden

Initiative der an diesen Problemen konkret beteiligten Menschen entspringt. Dazu aber können nicht Rezepte und Programme führen, sondern nur Anregungen zu einer *Methode des Erfindens*, wie Rudolf Steiner sie zu geben versucht hat. Von der sozialen Dreigliederung als einer Schulungs- und Arbeitsweise im Sinne dieser Anregungen soll deshalb im dritten und letzten Teil des vorliegenden Entwurfes die Rede sein.

SOZIALE DREIGLIEDERUNG ALS SCHULUNGS- UND ARBEITSWEISE

Die soziale Frage ... ist ein Bestandteil des ganzen neueren Zivilisationslebens und wird es, da sie einmal entstanden ist, bleiben. Sie wird für jeden Augenblick der weltgeschichtlichen Entwicklung neu gelöst werden müssen. ... Eine Universalarznei zur Ordnung der sozialen Verhältnisse gibt es sowenig wie ein Nahrungsmittel, das für alle Zeiten sättigt.

Rudolf Steiner
(in GA 23, Vorrede zur 2. Auflage)

Vorbemerkung

Wie lernen wir, zu lernen? Weit über das bisher Vorgebrachte hinaus ist eine Beantwortung dieser Frage davon abhängig, daß wir vom Lernen aus Büchern über das soziale Leben den Weg zu einem Lernen vom sozialen Leben selbst finden. Worin besteht dieser? Beim Studium der voranstehenden Darstellung fanden wir uns immer wieder vor die Aufgabe gestellt, unsere einseitige Fixierung an die heute gebräuchlichen Denk- und Urteilsgewohnheiten aufzugeben, um – wenigstens probeweise – der Anforderung nachkommen zu können, neue Gedanken über das soziale Leben aufzunehmen und zu verarbeiten. Diese Anforderung aber begegnet uns innerhalb dieses Lebens selber in einem beträchtlich vergrößerten Maßstab wieder.

Ohne Zweifel verlangt die Idee der sozialen Dreigliederung auf der einen Seite die Bereitschaft, unsere bisherige Interessenrichtung und Lebensweise zu überprüfen und manches von dem niederzulegen, auf das wir uns bisher unreflektiert abgestützt haben oder das uns in anderer Weise lieb geworden ist. Und auf der anderen Seite verlangt sie von uns die energische Vorbereitung, neue Interessen und neue Fähigkeiten zu entwickeln, die vorerst lediglich als unentwickelte Anlagen in uns leben. Sie fordert von uns mithin einerseits, bereit zu sein, die eigene Fixierung an bisherige Verhaltensweisen zu lösen, und andererseits, sich vorzubereiten, neue Verhaltensweisen zu erwerben.

Um uns diesen beiden Forderungen zu stellen, sind wir auf einen gesteigerten Lernprozeß angewiesen: auf einen solchen, der über die Aufnahme und Verarbeitung neuer Gedanken hinaus eine Ausbildung unserer selbst verlangt, die wir letzten Endes auch nur selber an uns vornehmen können. Zu ihr soll hier durch eine Reihe von Übungen angeregt werden, welche mit dem künstlerischen Üben das gemeinsam haben, daß sie, um für das Leben fruchtbar zu werden, in immer neuen Variationen wiederholt ausgeführt werden müssen.

Zur praktischen Ausbildung der Urteilskraft

Der heute gebräuchlichen Art, sich innerhalb des gesellschaftlichen Lebens zu orientieren, stellt sich dieses Leben als etwas dar, mit dem sich widerspruchslos zu identifizieren vielen Menschen von Tag zu Tag schwerer fällt. Eine Welt, die eigentlich die unsere sein sollte, erscheint so dem heutigen Menschen fremd. Ja, er bemerkt, wie er selber sich dem eigenen Wesen mehr und mehr entfremdet, sobald er sich selbst nach dieser Welt zu bestimmen sucht. Erst dann, wenn er in ihr sich seinem eigenen Menschsein nach wiedererkennen könnte, wenn sein Blick in die soziale Welt auf ein allgemein Menschliches träfe, wäre dies anders. Gewiß, einer «heilen Welt» würde er auch dann nicht begegnen; vielmehr einer solchen, die von zerstörenden Kräften durchzogen ist. Aber er könnte sich mit dieser Welt als mit einer *Aufgabe* identifizieren, weil er sie als eine *menschliche* Aufgabe anerkennt.

Sich einen solchen Blick für die menschliche Gesellschaft zu erwerben ist möglich, wenn es uns gelingt, das weiter oben über den Menschen als bedürfendes, mündiges und fähiges Wesen Gesagte in eine reine, auf das soziale Feld gerichtete Aufmerksamkeit zu verwandeln. Wie steht uns dann der andere Mensch gegenüber? Nicht als Angehöriger eines von uns beneideten oder vielleicht verachteten Berufsstandes, einer niedrigeren oder höheren Klasse, eines befreundeten oder feindlichen Staates, eines uns vertrauten oder uns fremden Volkes, einer bewunderten oder geringgeschätzten Rasse, des eigenen oder des anderen Geschlechtes usw., usf., sondern so, daß unser eigenes Menschsein uns in ihm begegnet. Denn auch wir sind primär bedürfende, mündige und fähige Wesen. So verschieden er auch immer von uns ist, in dieser dreifachen Menschennatur liegt eine ursprüngliche und – wie wir gesehen haben – sozial grundlegende Gemeinsamkeit.

Je mehr wir so den anderen Menschen als ein Wesen erleben, das auf diese Weise für unser eigenes Wesen durchsichtig wird, um so lebensvoller werden wir auch das in dieser dreifachen Menschennatur begründete Beziehungsgewebe gewahr, das wir weiter oben als Zusammenarbeit, Vereinbarung und Bedarfsbefriedigung kennengelernt haben. Zwar zeigt dieses Beziehungsgewebe überall auf der Erde selbstverständlich ein anderes und oft entgegengesetztes Muster; immer aber ist es aus drei verschiedenen Arten von Fäden – eben der Bedarfsbefriedigung, Vereinbarung und Zusammenarbeit – gewoben. So wird menschliche Gesellschaft an allen Orten der Erde durchsichtig für die Art, wie auch wir selbst mit unseren Mitmenschen verwoben sind. Diese Eigenart stellt zwar noch nicht eine Dreigliederung im Sinne des anthroposophischen Sozialimpulses dar; aber durch sie zeigt sich die menschliche Gesellschaft auf eine soziale Dreigliederung hin *veranlagt*.

Bei dem hier gemeinten, durch Übungsaufgaben gesteigerten Lernprozeß handelt es sich nun zunächst um die Ausbildung der Fähigkeit, diese «Anlage» zur sozialen Dreigliederung in der jeweils konkreten gesellschaftlichen Situation zu entdecken. Beginnen wir mit einer ersten, von einem in unser Leben einbezogenen Gegenstande ausgehenden Orientierungsübung.

Vor mir steht ein Schreibtisch aus mittelbraunem Teakholz. Seine an den Kanten abgerundete Platte ruht auf zwei nur bei genauerer Untersuchung sichtbaren, über fast die ganze Breite des Tisches verlaufenden Trägern, die ihrerseits links und rechts fest mit zwei Schränkchen verbunden sind, wovon das rechte drei Schubladen, das linke ein einziges großes, durch eine Tür verschlossenes Fach umfaßt. Jedes der beiden bildet mit den aufgesetzten Seitenteilen des Schreibtisches, die jeweils die beiden an den Kanten ebenfalls abgerundeten Tischbeine mit zwei ebenso behandelten Querhölzern verbinden, eine stabile Einheit. Dadurch erscheinen die Schränkchen, obwohl sie in Wirklichkeit die ganze Konstruktion als die eigentlichen Verbindungsstücke zusammenfügen, wie von dieser in der Schwebe gehalten.

Ich sagte, daß er vor mir steht. Ich sitze nämlich an ihm und schreibe, jetzt zum Beispiel dieses Kapitel. Daß ich ihn schon längere Zeit im Gebrauch habe, sieht man an der leichten Verfärbung der vorderen Tischkante ins Dunklere, was meine Schreibunterlage nicht hat verhindern können. Ich habe ihn mir bereits vor sechseinhalb Jahren gekauft, als meine Frau und ich beschlossen hatten, seinen hell lackierten Vorgänger – ein etwas primitives, aber standfestes und wegen seiner vielen Fächer auch zu ungewöhnlichem Gebrauch praktisches Möbel – zum Wickeltisch für unseren damals noch ungeborenen Sohn umzuwidmen. – In der kleinen Stadt, in der wir wohnten, kamen für eine solche Anschaffung nur zwei Möbelhandlungen in Frage. Die eine von ihnen enthielt bei genauerer Musterung nichts, was mich auch nur einigermaßen anmutete. In der anderen aber entdeckte ich ihn sofort. Es war eine Liebe auf den ersten Blick: ein warmer Braunton, Teak, etwas Beschwingtes ging von ihm aus. Da es im Leben aber zumeist auf die Liebe auf den letzten Blick ankommt, schaute ich mir alle anderen Angebote mit gleicher Aufmerksamkeit an – um dann still nach Hause zu gehen und die Sache mit meiner Frau zu besprechen. Mit ihr kam ich am nächsten Tag wieder und da sie ihn gleichfalls als einen Gewinn für unsere eher bescheiden möblierte Wohnung empfand, verabredete ich mit dem Händler den Liefertermin, bezahlte, und am zweiten Tage danach stand der neue Schreibtisch in meinem Zimmer. – So weit ich erinnere, ist er in Dänemark hergestellt und ließ sich, wie ich bei späterer Gelegenheit erfuhr, wegen seiner etwas weicheren, leichten Linien nicht sehr gut verkaufen – was sich auch in einem unerwartet erschwinglichen Preis niederschlug – man liebe hierzulande, so wurde mir versichert, das Altdeutsche, wuchtig und schwer, aus Eiche, Eichenfurnier oder Eichenimitation. Wie dem auch sei, in bezug auf die Gediegenheit der Herstellung scheint er mir noch heute einen Vergleich mit jedem dieser «altdeutschen» Produkte aufnehmen zu können.

So viel zunächst, um an ein einfaches Beispiel anknüpfen zu können. Blicken wir auf das Gesagte zurück, so wird deutlich, daß wir in drei Richtungen über die bloße Beschreibung des vor uns stehenden Gegenstandes hinaus zu fragen beginnen können. So in der Richtung auf Menschen, insofern sie diesen Gegenstand brauchen und schließlich verbrauchen; weiterhin insofern sie über ihn Verabredungen, Vereinbarungen, Verträge treffen; und schließlich insofern sie ihn durch Anwendung ihrer Fähigkeiten hervorgebracht und für den Kauf bereitgestellt haben. Wir blicken durch diesen Gegenstand einmal auf Menschen als bedürfende, einmal als mündige und einmal als fähige Wesen hin. Gewiß, was wir auf diese dreifache Fragerichtung zu antworten wissen, ist oft, wie im obigen Falle, beschämend wenig. Aber letztlich ist es auch nicht unwichtig, anhand einer solchen Besinnung zu bemerken, wie wenig wir unter Umständen uns bisher für die Vorgänge interessiert haben, die unser Leben mittragen und mitbestimmen.

In Richtung auf die Menschen, die als Fähigkeitswesen an diesem Vorgang mitgewirkt haben, wäre also zunächst nach den Holzfällern in Südamerika zu fragen, ohne deren Arbeit Teakholz für den weiteren Fertigungsprozeß nicht zur Verfügung stünde. In welcher Art arbeiteten sie? Selbständig oder weisungsgebunden? Was für Werkzeuge oder Maschinen benutzten sie? Konnten sie selber über Werkzeuge und Maschinen verfügen oder waren sie darin von anderen abhängig? Wie weit wurde von ihnen oder anderen das Holz an Ort und Stelle verarbeitet? Wer hat es verladen und verschifft? Auf welchen Wegen gelangte es nach Dänemark? Die Belegschaft der dänischen Firma stellte dann daraus unter anderem diesen Schreibtisch her. In Kisten, Container oder auf andere Weise verpackt und verladen gelangte er schließlich über Straßen oder Schienen zu einem Möbelgroßhändler in Deutschland und von dort aus weiter in das Einzelhandelsgeschäft, in dem ich ihn ausgestellt fand und dessen Mitarbeiter mir ihn mit dem Lieferwagen brachten und ins Zimmer stellten.

Anders stellt sich die Sache dar, wenn wir dabei nicht nach dem Menschen als Fähigkeits-, sondern als Bedarfswesen fragen. Unser Bedarf ist nicht einfach einer nach Schreibtischen. Bedarf tritt sehr individuell auf. Und weil der Geschmack manchmal mit, manchmal gegen die gerade herrschende Mode aus Gründen des individuellen Lebensgefühls ganz verschieden sein kann, so ist es nicht immer leicht, ihn zu befriedigen. Welcher Art der an einem bestimmten Orte, in einer bestimmten Gegend vorliegende Bedarf, z. B. an Schreibtischen ist, kann daher immer nur aufgrund konkreter Beobachtungen abgeschätzt werden. Aus diesen Beobachtungen und Schätzungen setzt sich dann zusammen, was die

Einzelhändler gegenüber den Großhändlern und diese wiederum gegenüber den entsprechenden Fabrikationsstätten an Bedarf geltend machen. Daraus ergibt sich dann zuletzt auch der Gesamtbedarf gegenüber den Unternehmen, welche die Fabriken mit Holz und anderen Materialien beliefern. – Dabei darf jedoch nicht vergessen werden, daß Bedarfsbefriedigung, wie Zusammenarbeit auch, auf Gegenseitigkeit beruht. So steht meinem Bedarf an einem neuen Schreibtisch der Bedarf derer gegenüber, die an seinem Zustandekommen auf die eine oder andere Weise gearbeitet haben. Und wie ich auf sie angewiesen bin, insofern ich meinen Bedarf nach einem neuen Schreibtisch nicht selbst zu befriedigen vermag, so sie auf mich zur Befriedigung ihres Bedarfs an Geld als einer Anweisung auf Waren und Dienstleistungen anderer. Der Preis, den ich beim Kauf des Schreibtisches entrichtet habe, ist nur scheinbar «für den Schreibtisch» bestimmt. In der sozialen Wirklichkeit ist er – auch wenn ich im Augenblick des Bezahlens noch weit entfernt davon bin, mir dies jedes Mal klarzumachen – für die Einkommensbildung der Mitarbeiter des betreffenden Möbelgeschäftes, des Großhandels, der verschiedenen Transportfirmen, der dänischen Möbelfabrik und schließlich der betreffenden Firmen in Übersee bestimmt, die das Holz beschafft und verarbeitet haben. Reicht er aber dafür aus? Schon aus der oben angedeuteten Marktkonstellation und dem dadurch für mich «günstigen» Preis kann man kaum annehmen, daß in diesem Fall mein Beitrag für den tatsächlich vorliegenden Bedarf genügt.

In einer dritten Richtung nähern wir uns den zur Rede stehenden Vorgängen, wenn wir nach den Verabredungen, Vereinbarungen und Verträgen und deren gesetzlichen usw. Voraussetzungen fragen, die dabei mitgewirkt haben. So war oben von dem Kauf die Rede, der – auch wenn er nicht eigens schriftlich fixiert wird – stets das Abschließen eines Vertrages beinhaltet. Davor lag die Vereinbarung des Liefertermines, davor die Zustimmung meiner Frau, diesen Schreibtisch zu wählen, die Verabredung mit ihr, ihn zu besichtigen usw. Auch wenn ich mir ihn bereits beim ersten Besuch in dem Möbelgeschäft hätte reservieren lassen, läge hier eine unmittelbar mit diesem Gegenstand zusammenhängende Verabredung vor. Aber auch die Beziehungen zwischen den beteiligten

Firmen, von dem Einzelhandelsgeschäft in Deutschland über die Möbelfabrik in Dänemark bis zu den Holzverarbeitungsunternehmen in Südamerika, werden durch Kauf-, Liefer- usw. -verträge und -vereinbarungen geregelt. Ihr Inhalt hat zwar überall die gegenseitige Bedarfsbefriedigung zum Ziel, darf aber mit dieser nicht verwechselt werden. Ebenso liegen der Zusammenarbeit innerhalb der Firmen ja Arbeitsverträge zu Grunde, die das Verhältnis der einzelnen Mitarbeiter untereinander regeln. So wäre es für das Verständnis der sozialen Welt alles andere als bedeutungslos zu fragen, unter welchen Bedingungen beispielsweise solche Arbeitsverträge in den verschiedenen Staaten zustande kommen. Oder wieviel von dem Erlös eines solchen Möbelstückes gar nicht diejenigen erreicht, die es hergestellt, transportiert usw. haben, sondern über Zinsen und Dividende in die Hände derer fließt, die sich durch das für den Bau der betreffenden Produktionsanlagen, für maschinelle Ausrüstung, für die notwendige Lagerhaltung usw. zur Verfügung gestellte Kapital das Recht auf einen Teil an diesem Erlös erkauft haben.

Je besser eine solche übungshalber vorgenommene Besinnung gelingt, um so mehr bemerken wir, wie der als Ausgangspunkt gewählte Gegenstand selber dabei immer bedeutungsloser wird, während wir gleichzeitig für sein soziales Umfeld wach werden. Indem wir in dreifacher Richtung über ihn hinausfragen, versinkt dieser selbst für unsere Aufmerksamkeit und die Welt der gesellschaftlichen Vorgänge, aus deren Zusammenwirken er hervorgegangen ist, tritt konturierter in unser Bewußtsein. Es ist klar, daß jeder Gegenstand unseres alltäglichen Lebens auf diese Weise ein mehr oder weniger günstiger Ausgangspunkt sein kann, uns in einer dafür ausgesparten Zeit auf das soziale Beziehungsgewebe zu besinnen, in das dieser Gegenstand eingewoben ist. Je öfter – und je energischer – wir eine solche Besinnung anstellen, um so mehr werden wir bemerken, daß ihre Bedeutung keineswegs auf die dafür ausgesparten Zeiten allein beschränkt ist. Was wir oben als «Veranlagung» des Gesellschaftsorganismus zu einer sozialen Dreigliederung vorausgesetzt haben, eben das Miteinander von Vorgängen der Zusammenarbeit, der Vereinbarung und der Bedarfsbefriedigung bzw. von Vorgängen des Geistes-, des Rechts-

und des Wirtschaftslebens, wird auf diesem Wege immer selbstverständlicher soziales Beobachtungsresultat. Um schließlich einmal sinnvoll daran mitarbeiten zu können, ihnen eine unterschiedliche Gestalt zu geben und dieser Gestaltung gemäß sie auf unterschiedliche Weise zu verwalten, bedarf es gewiß weiterer, noch zu besprechender Übungsschritte. Der erste aber besteht darin, diese drei gesellschaftlichen Lebensbereiche nicht allein in abgezogenen Gedanken, sondern auch durch anschauende Urteilskraft in jeder Situation des sozialen Lebens praktisch zu unterscheiden. Und eben die Fähigkeit zu dieser Art von Urteil ist es, die wir durch solche einfachen, von einem Gegenstand ausgehenden Übungen uns aneignen können.

Weitere Orientierungsübungen

Zum bitteren Schicksal der bisherigen Bemühungen um die soziale Dreigliederung – das wurde bereits berührt – gehört das Mißverständnis, daß zwar eine Universität, eine Schule, ein Theater, ein Museum usw. selbstverständlich dem Geistesleben zuzurechnen seien, daß aber etwa ein Ministerium, ein Einwohnermeldeamt, ein Verwaltungsgericht, eine Polizeistation usw. eben dem Rechtsleben, ein Bauernhof, eine Tischlerwerkstatt, eine Autofabrik, ein Kaufhaus usw. ebenso undifferenziert dem Wirtschaftsleben zugezählt werden müßten. Im Sinne des üblichen Wortverständnisses ist dies zwar ein begreifliches Vorgehen. Doch ist es ja gerade die Frage, ob dieses Wortverständnis hier ungeprüft übernommen werden kann. So auch, wenn in Fortführung der angedeuteten Anschauung Professoren, Lehrer, Schauspieler usw. als Angehörige des Geisteslebens; Minister, Verwaltungsangestellte, Polizeibeamte usw. aber als Angehörige des Rechtslebens und Landwirte, Fabrikanten, Kaufleute usw. als Angehörige des Wirtschaftslebens gesehen werden. Weiter oben wurde schon davon gesprochen, daß dies zwar viel mit der Anpassung des platonischen Ständestaates an die heutigen Verhältnisse, noch wenig jedoch mit einem wirklichen Verständnis der gesellschaftlichen Dreigliederung im Sinne des anthroposophischen Sozialimpulses zu tun hat. Ein solches Verständnis erwächst uns dagegen dann, wenn wir solche Institutionen und Rollen, wie die eben erwähnten, wiederum übungshalber in unsere dreifach differenzierte Besinnung mit einbeziehen.

Richten wir unsere Aufmerksamkeit zunächst auf solche Institutionen, wie wir sie oben etwa als Universitäten, Schulen, Theater usw. aufgezählt haben. Warum setzen wir uns beispielsweise ins Theater und blicken erwartungsvoll auf den sich öffnenden Vorhang? Doch weil es uns ein Bedürfnis ist, das jetzt beginnende

Stück zu sehen. Und eben dieses Bedürfnis ist es, das durch die Leistungen der Schauspieler mehr oder weniger befriedigt wird. Wogegen wir selber wiederum durch den im Vorverkauf oder an der Abendkasse entrichteten Eintrittspreis zur Bedarfsbefriedigung derer beitragen, die jetzt als Schauspieler auf der Bühne auf- und abtreten, oft aber auf ihr gar nicht sichtbar werden, weil sie als Bühnenarbeiter, als Kostümschneider usw. bis zum Reinigungspersonal ihre Leistungen von uns ungesehen erbringen. – Wenn dagegen ebenso wie wir auch der Regisseur im Zuschauerraum sitzt, so kaum wegen eines gleichen Bedürfnisses, sondern selbstverständlich wegen seiner Fähigkeit, beispielsweise zu prüfen, was sich an der Aufführung etwa noch verbessern ließe. Seine soziale Beziehung zu den Schauspielern besteht daher nicht in einer Bedarfsbefriedigung, sondern in der Zusammenarbeit mit ihnen. Und diese ist es auch, die das Verhältnis der Schauspieler untereinander, aber auch zu den Kostümschneidern, Bühnenarbeitern usw. charakterisiert, wenn man darunter das gemeinsame Hervorbringen der mit «Theateraufführung» umschriebenen Leistung versteht. – Beide Verhältnisse, das der Bedarfsbefriedigung wie das der Zusammenarbeit, werden wiederum vom Vereinbaren der gegenseitigen Rechte und Pflichten begleitet. Wenn wir Karten vorbestellen, so erwerben wir damit ein Recht, dem von seiten des Theaters eine Pflicht entspricht, diese Karte für uns aufzuheben. Haben wir jedoch bis zu einem in die Vereinbarung einzubeziehenden Zeitpunkte die Karte nicht abgeholt bzw. bezahlt, so erlischt diese Verpflichtung gewöhnlich und die Theaterverwaltung hat das Recht, sie anderweitig zu verkaufen. Ebenso kommt es zu der erwähnten Zusammenarbeit zwischen Regisseur, Schauspielern usw. im allgemeinen nur, wenn entsprechende Arbeitsverträge abgeschlossen wurden, welche die Aufgabenstellung enthalten, für die ein Mitarbeiter engagiert wird.

Was wir hier als Durchdringung dreier Beziehungsarten beobachten, gilt metamorphosiert aber auch für alle anderen der oben aufgezählten Institutionen. Als Hilfesuchender auf einer Polizeistation oder als Kunde in einem Kaufhaus könnten wir zweifellos entsprechende Verhältnisse beobachten. Und je mehr verschiedenartige Institutionen und Einrichtungen wir auf solche Art übungsweise in die Besinnung aufnehmen, um so stärker wird uns eine Aufmerksamkeit und Urteilskraft zuwachsen, die – von dem Sog des gewöhnlichen Wortverständnisses befreit – nun beginnt, auch auf der Ebene der Einrichtungen und Institutionen sich neu zu orientieren. Für eine solche Urteilskraft ergibt sich, daß die von der übrigen Gesellschaft abgrenzbare Einheit einer Institution ausnahmslos durch den gemeinsamen Einsatz der sich gegenseitig ergänzenden oder verstärkenden Fähigkeiten ihrer Mitarbeiter gegeben ist, die wir mit dem Wort Zusammenarbeit gekennzeichnet haben. Mit ihrer gesellschaftlichen Umwelt verwoben ist diese Einheit dagegen jeweils dadurch, daß sie einen vorhandenen Bedarf befriedigt – ob es sich dabei nun um eine Universität, ein Einwohnermeldeamt oder eine Autofabrik handelt. Man kann auch sagen: die Einheit jeder dieser Institutionen wird durch das in jeglicher Art von Zusammenarbeit bestehende Geistesleben, ihre Verflochtenheit mit der übrigen menschlichen Gesellschaft dagegen durch das jede Art von Bedarfsbefriedigung umfassende Wirtschaftsleben konstituiert. Und ebenso konstituiert das in jeglicher Art von Vereinbarung zum Ausdruck kommende Rechtsleben die Art, wie die betreffende Institution nach innen und außen in das allgemeine Leben derjenigen Menschen eingefügt ist, die mit ihr auf die eine oder andere Weise, als ein ihre Leistung in Anspruch Nehmender oder als ein ihre Leistung mit Hervorbringender, zu tun haben.

Das auf diesem Wege entstehende Bild einer gesellschaftlichen Einrichtung weicht also beträchtlich von dem oben angedeuteten ab, weil es diese nicht einfach als ein Teil entweder des Geistes-, des Rechts- oder des Wirtschaftslebens ausweist, sondern jede von ihnen wird insofern als ein Organ des gesellschaftlichen Gesamtorganismus sichtbar, als sie stets von dem zur Dreigliedrigkeit veranlagten Ganzen des gesellschaftlichen Lebens durchpulst wird. Selbstverständlich handelt es sich für den übenden Umgang mit diesem Bilde nicht bloß darum, das Vorhandensein aller drei gesellschaftlichen Lebensbereiche in einer jeden Einrichtung und Institution zu konstatieren, sondern vielmehr darum, die Art ihrer Verflochtenheit sorgfältig zu studieren.

*

Beobachtungen scheinbar ähnlicher Art, wie sie sich im Laufe der voranstehenden Übungen ergeben, haben innerhalb der Bewegung für Dreigliederung des sozialen Organismus allerdings auch schon bisher dazu geführt, jene grobe Einteilung in drei Arten von Institutionen in solche des Wirtschafts-, des Rechts- und des Geisteslebens zu differenzieren. So hat man begonnen, der Möglichkeit Rechnung zu tragen, daß eine solche Institution sogar alle drei gesellschaftlichen Lebensbereiche umfassen könne, wenn auch in der Erwartung, daß einer von ihnen nun wenigstens vorwalte und sich dadurch die erwähnte Einteilung doch als eine relativ berechtigte erweise. So sprach man von Institutionen, die zwar hauptsächlich dem Wirtschaftsleben angehören, nebenbei aber auch Geistes- und Rechtsleben mitumfaßten, wie etwa eine Fabrik, in der auch eine Forschungs- und eine Verwaltungsabteilung betrieben wird. In diesem Sinne gesprochen, gehöre auch das oben angeführte Theater hauptsächlich dem Geistesleben, durch seine Abendkasse aber nebenbei mindestens dem Wirtschaftsleben an und ähnliches mehr.

Nun ist deutlich, daß sich dennoch an der oben charakterisierten Denkweise dabei nichts ändert, insofern diese doch wiederum auf ein Einteilen von Menschen hinausläuft. Nehmen wir jedoch hypothetisch einmal an, daß diese Ansicht der Sache die wahre sei. Was haben wir mit ihr gewonnen? Da soziale Dreigliederung darauf hinarbeitet, die drei verschiedenen gesellschaftlichen Lebensbereiche unterschiedlich, d. h. das Geistesleben freiheitlich-korporativ, das Rechtsleben gleichheitlich-demokratisch und das Wirtschaftsleben brüderlich-assoziativ zu gestalten, stünden wir hier vor der gespenstischen Forderung, die in diesen Institutionen arbeitenden Menschen prinzipiell verschiedenartig zu behandeln. So käme es zwar darauf an, die Einkommensbildung der an der Abendkasse Arbeitenden brüderlich zu gestalten, in bezug auf die Schauspieler, den Regisseur usw. wäre dies aber sozial nicht notwendig. Und eben dasselbe würde für die Fabrik gelten: alle, die an der Produktion materieller Güter arbeiten, werden finanziell so gestellt, daß sie wirklich davon leben können, nicht jedoch die Mitarbeiter der Verwaltungs- und der Forschungsabteilung. Dafür würde sich eine solche Gestaltung wiederum um die Freiheit derer kümmern, die in der Forschung oder im künstlerischen Bereich arbeiten, während die Arbeit aller anderen notwendig weisungsgebunden bliebe. Schon diese wenigen Bemerkungen zeigen, daß eine solche Ansicht, wirklich ernst genommen, einfach auf die immer noch verbreiteten Standesvorurteile hinauslaufen würde, nach denen schon vor langer Zeit Dichter und Dorfschullehrer, anders als Bauern und Handwerker, ruhig hungern durften. Oder nach denen bis heute zwar die Kulturschaffenden usw. selbstbestimmt arbeiten dürfen, die in der materiellen Produktion Tätigen aber natürlich zu beschränkt dafür sind. Nehmen wir hinzu, daß das Gleichheitsprinzip, falls die oben beigezogene Ansicht am Handeln geprüft würde, wiederum nur für die in der Verwaltung Arbeitenden, nicht aber für alle anderen gelten würde, so zeigt sich das Unwirkliche dieser Ansicht überdeutlich. (Es braucht wohl kaum erwähnt zu werden, daß diese Bemerkungen selbstverständlich genauso die obige Einteilung in drei dem Lehr-, Wehr- und Nährstand nachgebildete Gruppen von Einrichtungen und Institutionen – als vermeintlich solche des Geistes-, des Rechts- und des Wirtschaftslebens – treffen.)

Mit anderen Worten: Es kommt für das Verständnis der sozialen Dreigliederung alles darauf an, nicht zu vergessen, daß die Unterscheidung in ein Geistes-, ein Rechts- und ein Wirtschaftsleben keine bloß «akademische» ist, sondern eben eine solche, die besagt, für welche Art von Gestaltung der betreffende Bereich des gesellschaftlichen Lebens konkret veranlagt ist. Wem es daher, um fruchtbar in das Leben der menschlichen Gesellschaft eingreifen zu lernen, darum zu tun ist, deren je verschiedene Veranlagung zu erkennen, der wird sich auch durch die Art, wie er die Wörter «Geistesleben», «Rechtsleben» und «Wirtschaftsleben» gebraucht, über diese Anlagen Rechenschaft zu geben suchen. Wer dagegen gar nicht wirklich beabsichtigt, sich tätig darum zu kümmern, wozu das gesellschaftliche Leben durch sich selbst veranlagt ist, braucht diese Anlagen natürlich auch in seinem Wortgebrauch nicht zu berücksichtigen.

*

Wie wir durch die voranstehende Art von Orientierungsübungen daran arbeiten, die einseitige Fixierung auf die Sehweise zu lokkern, daß das Eigentliche der menschlichen Gesellschaft in einem bloßen Miteinander von Einrichtungen und Institutionen besteht, so versetzt uns die folgende in die Lage, uns von dem Vorurteil zu lösen, es handele sich im Hinblick auf die Gesellschaft vor allem um ein Miteinander von Funktionen und Rollen, die der einzelne besonders durch seine berufliche Tätigkeit übernimmt. Denn wie sich der anthroposophische Sozialimpuls nicht auf die Einteilung von Institutionen und Einrichtungen bezieht, so bezieht er sich – das ist wiederholt angesprochen worden – auch nicht auf die Einteilung von Menschen. Nicht Menschen sollen eingeteilt, sondern das gesellschaftliche Leben selber soll durch drei voneinander getrennte Verwaltungen gegliedert werden. Und zwar so, daß es jedem Menschen möglich ist, sich bewußt in jedes der drei Glieder hineinzustellen, wie er bereits durch seine eigene Natur zu jedem der drei Glieder – ohne dies allerdings sich eigens bewußt zu machen – in Beziehung steht. Jedenfalls für jeden mündigen und arbeitsfähigen Menschen ist das so; aber eben nicht, weil er dadurch einem bestimmten Berufsstand angehören könnte, sondern weil er Mensch ist. Durch eine Besinnung auf die dreifache Menschennatur möglichst vieler einzelner Menschen, mit denen wir auf die eine oder andere Weise in Berührung kommen, kann diese Übungsarbeit, so weit sie das Entdecken der Anlagen des Gesellschaftsorganismus zur sozialen Dreigliederung betrifft, noch um einen intimeren Schritt weiter ausgestaltet werden.

Der Malermeister, der auf der Straße vor meinem Fenster Leitern, Streichböcke, Eimer, Farben und Lacke, Streichbürsten und Pinsel ablädt, um die Wohnung meines Nachbarn zu renovieren, hatte eigentlich mit diesem vereinbart, schon vorige Woche zu kommen, mußte aber, weil er durch das ungünstige Wetter einen Auftrag nicht zeitig abwickeln konnte, wieder absagen und einen neuen Termin ausmachen. Diese wiederholte Vereinbarung hat zwar durch den spezifischen Bedarf meines Nachbarn und die von dem Malermeister angebotene Leistung einen bestimmten Inhalt, als gesellschaftlicher Vorgang aber unterscheidet sie sich im Prinzip nicht von der Verabredung, die ich mit meinem Zahnarzt heute morgen telefonisch über einen Behandlungstermin getroffen habe. Oder auch nicht von dem Arbeitsvertrag, den der Zahnarzt mit seiner das Telefon bedienenden Sprechstundenhilfe bzw. der Malermeister mit seinen Gesellen abgeschlossen hat. Denn stets wird dabei über nichts anderes als über die gegenseitigen Rechte und Pflichten entschieden. Das aber heißt: Nicht dadurch, daß die an diesen Verabredungen, Vereinbarungen und Verträgen beteiligten Menschen verschiedene Berufe ausüben oder verschiedene Bedürfnisse haben, wird die Eigenart dieser gesellschaftlichen Vorgänge geprägt, sondern dadurch, daß sie mündig sind. Das aus dieser Mündigkeit entstehende Rechtsleben ist es, durch das die Gesellschaft veranlagt ist, demokratisch gestaltet zu werden.

Nicht nur mein Nachbar steht dem Malermeister und seinen Mitarbeitern als jemand gegenüber, der – weil er sich seinen Bedarf nicht selber befriedigen kann oder will – auf Bedarfsdeckung durch andere angewiesen ist, sondern auch der Malermeister und seine Mitarbeiter stehen wiederum meinem Nachbarn als Bedarfswesen gegenüber. Sie sind darauf angewiesen, von ihm Anweisungen auf solche Waren und Dienstleistungen entgegenzunehmen, die sie, schon aus Zeitgründen, nicht selber erbringen können oder wollen. Mein Nachbar und die Mitarbeiter des Malergeschäftes sind also – wie mein Zahnarzt, seine Mitarbeiter und ich auch – nicht allein mündige, sondern gleichzeitig selbstverständlich auch bedürfende Wesen. Durch das aus dieser Bedürftigkeit entstehende Wirtschaftsleben ist die Gesellschaft dazu veranlagt, assoziativ gestaltet zu werden.

Und Entsprechendes werde ich gewahr, wenn ich die Zusammenarbeit zwischen dem Malermeister bzw. dem Zahnarzt und ihren Mitarbeitern beobachte. Gewiß, die je eingesetzten Fähigkeiten unterscheiden sich u. U. beträchtlich voneinander. Die Tatsache aber, daß jeder Mitarbeiter des Malergeschäftes wie der Zahnarztpraxis – um seine eigenen Fähigkeiten sinnvoll für die Bedarfsbefriedigung dritter fruchtbar machen zu können – in mannigfaltiger Weise auf die Zusammenarbeit mit den Fähigkeiten anderer angewiesen ist, muß als eine allgemein menschliche Angelegenheit gesehen werden, die z. B. mit einer standesmäßigen Einteilung dem Wesen nach nichts zu tun hat. Durch das aus einem solchen

Einsatz individueller Fähigkeiten entstehende Geistesleben ist die menschliche Gesellschaft dazu veranlagt, korporativ gestaltet zu werden.

Auf diese Weise kann eine dritte Art von Orientierungsübungen beschrieben werden. Sie ist notwendig, um für soziale Dreigliederung – als einer dreifachen Mitmenschlichkeit – bis in die einzelne Menschenbegegnung hinein Ansätze zu finden. Der Mensch, so sagt man angesichts der gewaltigen Aufgaben der Gegenwart, müsse wieder im Mittelpunkt aller Bemühungen um die soziale Frage stehen; dies aber bleibt eine bloße Phrase, solange man nicht im Erkennen, wie sich diese Frage konkret darlebt, auch vom Menschen ausgeht. Dies zunächst an einfachsten Beispielen des alltäglichen Lebens zu versuchen, um von ihnen zu komplizierteren fortzuschreiten, will das hier Geschilderte anregen. Ohne diese Anstrengung würde alles weitere auf unsicheren Boden gebaut bleiben. (Vgl. dazu auch Anmerkung 17, Seite 171.) Gleichzeitig aber wird deutlich, daß die durch sie gewonnene Orientierung noch nicht zureicht, um den Problemen der heutigen Gesellschaft gewachsen zu sein.

Passive und aktive Sozialität

Was heute, durch die Nachrichtenmedien vermittelt, über die vielfältig verflochtenen Zustände, Mißstände und Notstände unsererer gesellschaftlichen Gegenwart informieren will, hat eine bedenkliche Nebenwirkung: es richtet nicht nur unsere Aufmerksamkeit auf die in der Welt vorhandenen Probleme, sondern stumpft sie, wenn es bei der bloßen Information bleibt, auch wieder ab. Lediglich die passive Gewöhnung an das Vorhandensein dieser Probleme ist das Ergebnis. Es ist erstaunlich, wovon auf diese Weise zu lesen und zu hören wir uns allmählich gewöhnt haben: Von der sich ständig vergrößernden Kluft zwischen arm und reich, von Überproduktion und Hunger in der Welt, von Energiekrise und Arbeitslosigkeit, von der Umweltzerstörung, von der Verfolgung und Unterdrückung von Minderheiten, von Kriegen und Bürgerkriegen, Flüchtlingsproblemen, Wettrüsten usw. – wobei hier das zeitsparende Auflisten aller dieser Vorgänge mit dem Undsoweiter am Schluß zweifellos selber bereits ein Produkt dieser Gewöhnung ist.

Es kann – das wurde weiter oben schon angedeutet – nicht die Aufgabe des vorliegenden Entwurfes sein, die zahlreichen Darstellungen dieser Probleme um eine zu vermehren. Ja, es kann nicht einmal hier unsere Aufgabe sein herauszuarbeiten, wie die angezeigten gesellschaftlichen Mißstände und Notstände ausnahmslos Ergebnis derjenigen den Gesellschaftsorganismus abbauenden Kräfte sind, die oben als Gewinnmaximierung, Machtentfaltung und Fremdbestimmung gekennzeichnet wurden. Wohl aber stehen wir vor der Aufgabe, uns ein konturiertes Bild davon zu machen, auf welche Art diese Kräfte in den gesellschaftlichen Organismus eingreifen und wodurch sie in diesem wirksam sind. Erst dadurch erhalten wir allmählich die Möglichkeit, aktiv zu verarbeiten, was sonst uns als bloß passiv aufgenommene Information auf die Dauer lediglich abstumpfen würde.

Weiter oben wurde bereits deutlich, daß das Interesse des Menschen an sich selbst, solange es rein im Bereich der eigenen Persönlichkeit entfaltet wird, zu derjenigen Selbstverwirklichung führt, welche die heute notwendige Voraussetzung zu einer wirklichen Selbständigkeit bildet. So setzt z. B. jeder echte Lernvorgang voraus, das von anderen Aufgenommene oder sonst im Zusammenhang mit anderen Erfahrene alleine und auf sich selbst gestellt zu verarbeiten. Das dabei gewonnene Maß an Eigenständigkeit, Besonnenheit und Stärke kann nun entweder dazu gebraucht werden, sich anderen Menschen um ihrer selbst willen zuzuwenden oder sich selbst ihnen gegenüber durchzusetzen. Während das erstere als assoziatives, demokratisches oder korporatives Verhalten alle einzelnen Teile des Gesellschaftsorganismus gleichmäßig über die Pflege des Ganzen zu fördern bestrebt ist, baut das letztere als Gewinnmaximierung, Machtausübung und Fremdbestimmung diesen Organismus – wie bereits besprochen – deswegen ab, weil es fortwährend das Ganze in einen über- und einen unterprivilegierten Teil zu zerlegen sucht, wobei der unterprivilegierte Teil an die Interessen des überprivilegierten Teiles angepaßt wird. Durch diese Anpassung aber entsteht eine bloß passive Art des sozialen Verhaltens.

Der Mensch ist, wie Rudolf Steiner diesen Sachverhalt in einem Vortrag am 6. Dezember 1918 zum Ausdruck bringt, zugleich ein soziales und ein antisoziales Wesen. Bei näherer Betrachtung müssen wir sogar sowohl Sozialität als auch Antisozialität in doppelter Weise berücksichtigen. Für erstere wurde das bereits deutlich. Sozialität kann, wie wir gesehen haben, entweder eine aktive oder eine bloß passive sein. Aber auch die Antisozialität ist entweder eine solche, die über den rein persönlichen Bereich hinaus abbauend in das gesellschaftliche Leben eingreift, oder eine solche, die innerhalb dieses persönlichen Bereiches verbleibt und dann mit dem gesellschaftlichen Leben unmittelbar nur insofern zusammenhängt, als sie die guten oder weniger guten Voraussetzungen schafft, sich in das gesellschaftliche Leben hineinzustellen. Was den gegenwärtigen Zustand unserer Gesellschaft prägt, ist die als Gewinnmaximierung, Machtentfaltung und Fremdbestimmung in sie eingreifende Antisozialität einerseits und die daraus resultierende bloß passive Sozialität andererseits. Sie besteht darin, daß der andere Mensch eben sich ausbeuten, nötigen und an Anweisungen binden läßt, weil ihm nichts anderes übrig bleibt. Was im Sinne des anthroposophischen Sozialimpulses dagegen hier angeregt wird, läßt sich auf der einen Seite durch die Ausbildung einer aktiven Sozialität, auf der anderen Seite durch eine die dazu notwendigen Voraussetzungen schaffende, selber aber im persönlichen Bereich verbleibende Antisozialität charakterisieren. Ein Beispiel dieser Art von Antisozialität wäre unter anderem das selbständige Verarbeiten des in dieser Schrift Angeregten.

Für den dabei einzuschlagenden Schulungsweg ist nun besonders wichtig, zunächst zu verstehen, wie eigentlich die angezeigte passive Art von Sozialität durch das Eingreifen antisozialer Gestaltungskräfte in die Gesellschaft zustande kommt. Aus dem weiten Gebiete des hier in Betracht Kommenden genügt es jedoch für den Zweck unserer Darstellung, drei Momente hervorzuheben, die jedes für sich allein oder zusammenwirkend geeignet sind, angepaßte Verhaltensweisen beim Menschen hervorzurufen: Das faszinierende Bild, die Gewöhnung an eine – zumeist vermeintliche – Notwendigkeit und der unmittelbar auf das Entstehen des erwünschten Bewegungsablaufes abgestellte Zwang. Durch sie sieht sich der einzelne Mensch verlockt oder veranlaßt, bewogen oder bewegt, genötigt oder erpreßt, seine eigenen Angelegenheiten zu vergessen oder zu verdrängen, um für die Angelegenheiten anderer zur Verfügung zu stehen. Und was sich in dieser Beziehung im kleinen und einzelnen beobachten läßt, gilt auch für das Ganze der heutigen gesellschaftlichen Systeme. So unterschiedlich diese auch sonst z. B. in Ost und West sein mögen, sie sind ganz selbstverständlich darauf gebaut, das Sozialverhalten des weitaus größten Teiles der ihnen angehörenden Bevölkerung, zwar mit verschiedenen Mitteln, aber eben doch immer von außen her zu bewirken und zu steuern.

Um unmittelbaren Zwang handelt es sich überall dort, wo etwa durch existenzbedrohende Strafen oder Benachteiligungen den Menschen ein angepaßtes Verhalten einfach abgepreßt wird. Das

Menschenunwürdige eines solchen Verfahrens ist jedoch so überdeutlich, daß es heute gewöhnlich dem Licht der Öffentlichkeit möglichst entzogen wird, um nach außen hin weniger auffälligen Anpassungsverfahren den Vorzug zu geben. So ist schon weit weniger deutlich, daß es ebenfalls keineswegs der Menschenwürde entspricht, wenn Menschen sich ein an andere angepaßtes Verhalten dadurch angewöhnen, daß ihnen frühzeitig genug die Überzeugung beigebracht wurde, dieser oder jener gesellschaftliche Vorgang müsse notwendig genauso ablaufen, wie er gegenwärtig verläuft. So etwa, wenn der Mensch heute von frühester Jugend auf mit der Denkgewohnheit imprägniert wird, daß für andere arbeiten und ein Einkommen für sich erzielen untrennbar zusammengehören, ja, so sehr als eines erscheinen, daß uns schon der hier gewählte Ausdruck verwunderlich vorkommt, da man dies doch viel einfacher mit «für sich arbeiten» wiedergeben könne. Schließlich wird unser Verhalten heute durch die mehr oder weniger intensiven Faszinationen und Verlockungen gesteuert, die für uns von – beispielsweise durch die psychologische Motivforschung dafür entwickelten – Bildern ausgehen. Von der Wirtschaftswerbung über die Gestaltung von Wahlplakaten bis in die persönliche Image-Pflege hinein handelt es sich auch hier darum, den einzelnen an die selbstbezogenen Interessen der Wirtschaft, der Parteien usw. anzupassen.

Gerade weil die weitaus meisten Organisationen und Einrichtungen der gesellschaftlichen Gegenwart wegen ihres auf Eigennutz, Macht und Manipulation ausgerichteten Charakters eine freiwillige Zuwendung der außerhalb ihrer Stehenden nicht erwarten können, haben sie verständlicherweise nötig, diese Hinwendung künstlich zu bewirken. Dadurch aber geschieht eine noch viel tiefergreifende Veränderung des gesellschaftlichen Lebens als die durch den bisher allein berücksichtigten Abbau des Gesellschaftslebens vorhandene. Dieser hat immerhin die in diesem Jahrhundert mit Recht ungeheuer angewachsene Gesellschaftskritik veranlaßt. Wie das gewöhnliche Wachbewußtsein bis zu einem gewissen Grade der in unserem Leibe vorhandenen physiologischen Abbauprozesse bedarf, um sich entfalten zu können, so kann sich ein gesellschaftskritisches Bewußtsein zunächst nur entwickeln, wenn es sich gegen gesellschaftliche Mißstände wenden kann. Zu gleicher Zeit aber ist noch etwas anderes geschehen. Die hier geschilderten drei Momente haben – eben durch ihre Konditionierung des heutigen Menschen zu einer passiven Sozialität – auf sein soziales Wollen selber lähmend gewirkt. Und dies ist eine für eine menschliche Zukunft der Menschheit weit gefährlichere Veränderung, weil sie verhindert, daß das errungene gesellschaftskritische Bewußtsein zu einer sozialen Neugestaltung führt. Das Schicksal des 1972 erschienenen Berichtes des Club of Rome «Die Grenzen des Wachstums» – die Tatsache, daß sich fast niemand dazu durchringen konnte, praktische Folgerungen aus diesem Bericht zu ziehen, – ist ein beredtes Beispiel für diese Lähmung. Dazu gehört allerdings auch, daß es, um sozial sinnvoll handeln zu können, nicht genügt, *gegen* etwas zu sein; es kommt vielmehr darauf an, *für* etwas einzutreten, wenn nicht lediglich die eine sozial abbauende Verhaltensweise gegen eine andere ausgetauscht werden soll. (Zum Begriff des Wachstums vgl. Anmerkung 18, Seite 171.)

Wer heute an einer sozialen Neugestaltung der menschlichen Gesellschaft mitarbeiten möchte, sieht sich daher wiederum vor eine doppelte Anforderung gestellt. Sie besteht einerseits darin, allmählich den Einfluß zu überwinden, den die geschilderten Momente bisher auf ihn ausgeübt haben, um sich dadurch bewußt von jeglichem auf bloßem Angepaßtsein beruhenden Sozialverhalten zu lösen; und andererseits darin, an Stelle dessen eben jene aus der eigenen Aktivität des unmittelbaren Interesses am anderen Menschen impulsierte Art sozialen Verhaltens zu entwickeln. Der hier erforderliche Schritt auf dem zur sozialen Dreigliederung gehörenden Schulungsweg muß deshalb ganz auf die wache Unterscheidung von passiver und aktiver Sozialität gebaut werden. Dazu gehört allerdings auch die richtige Schätzung der aktiv entfalteten Art sozialen Verhaltens gegenüber der von außen hervorgerufenen und fremdgesteuerten bloß passiven Verhaltensweise. Solange der auf diesem Weg sich Schulende etwa in einer Ecke seines Inneren immer noch davon träumt, daß es um einer menschenwürdigen Zukunft der menschlichen Gesellschaft willen lediglich darauf ankäme, an die Stelle des heute sich als unvernünftig erweisenden Zwanges zur Anpassung einen «vernünftigen» – oder gar einen «dreigliedrigen» – zu setzen, solange wird es ihm kaum gelingen, bei sich selbst wie bei anderen zureichende Voraussetzungen für eine fruchtbare Mitarbeit an der Dreigliederung des sozialen Organismus zu schaffen.

Daß dieser Schritt nicht so sehr in einer vom übrigen Leben abgesonderten Zeit vollzogen werden kann wie die drei vorausgehenden, geht aus dem Gesagten bereits hervor. Er besteht vielmehr in dem Ringen, die gemeinte Unterscheidung auch praktisch in den Wechselfällen des Lebens zu bewähren. Dafür vermag uns im Grunde genommen nur der feste Wille wachzuhalten, selber an keinerlei Versuch mitzuwirken, die sozialen Verhaltensweisen anderer Menschen von außen her, d. h. eben unter Umgehung ihrer eigenen Einsicht und Entscheidung, zu beeinflussen. Oder wenigstens dort, wo uns dies dennoch passiert oder wir beispielsweise aus Gründen unserer beruflichen Stellung dies nicht vermeiden können, der Wille, selber den Schmerz zu fühlen, nicht in vollem Sinne menschenwürdig handeln zu können. Und schließlich der Wille, so viel, als uns nur irgend möglich ist, aus eigener Initiative jene auf echtes Menscheninteresse gebaute Art von Sozialität zu entwickeln, in der die Keime einer dreigliedrigen Gestaltung und Verwaltung des Gesellschaftsorganismus – von dem Druck der durch Anpassung bewirkten Verhaltensweisen niedergehalten – schlummern.

Schulung der sozialen Phantasie

Auf dem hier zur Rede stehenden Schulungswege ergibt sich im Verlaufe des im vorigen Kapitel geschilderten Schrittes, daß unsere aktiv aus dem Interesse am anderen Menschen entwickelte Sozialität jene Differenzierung durchmacht, von der in den ersten beiden Teilen dieser Schrift ausführlich gesprochen wurde. Je nachdem, ob uns der andere Mensch als ein bedürfendes, mündiges oder fähiges Wesen gegenübertritt, nimmt diese Sozialität einen je spezifischen Charakter an und impulsiert uns demgemäß zu einer entsprechenden Verhaltensweise. Was es zunächst gedanklich als Streben nach Brüderlichkeit, Gleichheit und Freiheit bzw. als assoziatives, demokratisches und korporatives Verhalten zu erfassen galt, tritt so als Ergebnis des eigenen wiederholten Bemühens auf, aus einem neuen sozialen Ansatz zu leben. Dieses Bemühen bleibt jedoch zunächst durch die weit robusteren Gewohnheiten unseres auf Anpassung gegründeten Sozialverhaltens ständig gefährdet.

Damit ist gleichzeitig auf eine Schwierigkeit hingedeutet, deren Überwindung letztlich nur möglich ist, wenn auch über den eben beschriebenen Schritt hinaus noch weitere unternommen werden. Erst dort, wo wir uns dem auf bloßem Angepaßtsein beruhenden Sozialverhalten aktiv zu entringen suchen, werden wir nämlich in vollem Maße gewahr, welche Gewalt jene drei beschriebenen Momente stets über uns haben, wenn die eingeengte Situation des Alltags uns eine soziale Handlung abverlangt. Wir bemerken, daß zwar die rein intellektuelle Einsicht in uns die Bereitschaft erweckt, uns dem korrumpierenden Einfluß des auf Faszination ausgehenden Bildes, der dumpfen Gewöhnung an eine scheinbar unabänderliche Notwendigkeit und des nackten Zwanges zu entziehen; allein, sie verleiht uns noch nicht die Kraft dazu. Vielmehr bleiben wir der Macht dieses Einflusses gegenüber solange mehr oder weniger ohnmächtig, als wir beispielsweise den durch unsere gesellschaftliche Umwelt uns aufgedrängten Bildern noch nicht das einzige entgegengesetzt haben, was sie unwirksam macht: *selbstgestaltete* Bilder. Erst durch die Fähigkeit, in uns selbst sozial wirksame Bilder zu entwerfen und auszugestalten, vermögen wir uns voll von der manipulativen Wirkung jener Bilder zu befreien, mit denen heute um die Herrschaft über den einzelnen Menschen gerungen wird. Wie kann diese Fähigkeit entwickelt werden?

Wer sich daran erinnert, wie viele Menschen als Eltern und Geschwister, als Lehrer und Mitschüler, als Freunde, Kameraden usw. seine Jugend begleitet haben, bemerkt bald, daß er dabei unreflektiert sich selbst in die Mitte seiner «Erinnerungsbühne» stellt – und daß von diesem Mittelpunkt her er dem einen eine Haupt-, dem anderen eine Nebenrolle, manchem ein Statistendasein oder gar die bloße Existenz als Teil der Kulisse zuspricht. Aber auch für die Gegenwart des Lebens gilt dies. Das distanzierte Verhältnis zu einem mehr oder weniger abstrakt erlebten Umkreis von Menschen, die als Einwohner eines Stadtteils, als Straßenpassanten, als Mitreisende usw. halt da sind, modifiziert sich zu diesem Mittelpunkt hin zu einem immer unmittelbareren Verbundensein, ja zu einer seelischen Verflochtenheit mit den uns Nahestehenden, bis wir uns schließlich am intensivsten in uns selber verstrickt finden. Durch diesen Charakter erweist sich jedoch die soziale Wahrnehmung auf doppelte Weise verzerrt. Nach der einen Seite hin erleben wir den Menschen ganz uns «gegenüber», und zwar so sehr, daß er dadurch beinahe als bloßer «Gegenstand» erscheint; nach der anderen Seite fühlen wir uns wohl mit ihm verbunden, ja mit ihm eins, aber so intensiv, daß wir ihn nicht wirklich wahrnehmen, sondern eigentlich nur emotionell «träumen». Wie finden wir, durch diese doppelte Schwierigkeit hindurchdringend, die Wirklichkeit der sozialen Welt? Kurz gesagt dadurch, daß wir fähig werden, in das Verhältnis zu uns selbst etwas von der Qualität der Distanz, in das zu den uns Fernstehenden mehr von der Qualität der Verbundenheit hineinzutragen.

Dazu setzen wir übungshalber mit unserer Bemühung am besten dort ein, wo zunächst eine Situation unseres Lebens bereits abgeschlossen ist und wir mit den Menschen, denen wir in dieser Situation begegnet sind, nur noch erinnerungsmäßig verbunden sind. Schon eine flüchtige Besinnung kann nun darauf aufmerksam machen, daß eine solche Situation zumeist ganz einseitig in unserer Erinnerung lebt. Wir erinnern gewöhnlich nur, was wir mit diesem oder jenem Menschen erlebt, was wir an ihm erfahren oder welchen Nutzen wir aus seinem Dasein gezogen haben. Was umgekehrt diese Menschen dagegen an uns – vielleicht sogar leidvoll – erlebt und erfahren haben, berücksichtigen wir weit weniger. Aber gerade darauf kommt es in dieser Übung an. Wie ging es damals diesem oder jenem Menschen an meiner Seite? Was hat er damals an mir durchgemacht? Er lebte ja nicht nur in meinem, sondern er lebte sein eigenes Leben. Wie mußte daher dieses oder jenes Ereignis, von ihm her betrachtet, aussehen? Und was mußte es für ihn und für sein Leben bedeuten? Wir bemerken, daß uns als Antwort auf diese Fragen andere Bilder als die der gewöhnlichen Erinnerung aufgehen, die sich nur durch Einfühlung in das Wesen des anderen Menschen gewinnen lassen. Und wir werden gewahr, daß diese Bilder uns viel realer mit dem anderen Menschen verbinden als unsere gewöhnlichen Erinnerungsbilder.

Dazu kommt noch etwas anderes. Wir haben damals vielleicht gedankenlos hingenommen, daß dieser andere Mensch für uns da war. Möglicherweise haben wir uns sogar gegen seine uns betreffende Denk- und Handlungsweise heftig gewehrt. Im Verlaufe eines solchen Übens aber beginnen wir zu bemerken, wie viel wir den Menschen, die so für uns da waren, die geduldig oder weniger geduldig uns ertragen haben, verdanken. Ja, wir beginnen zu bemerken, daß wir unseren Gegnern und Kritikern manchmal mehr verdanken als denen, die wir vielleicht unsere Freunde genannt haben. Was wir auf unserer Erinnerungsbühne bisher als bloßen Umkreis betrachtet haben, erhält auf diese Weise einen anderen Charakter als vorher. An die Stelle der Distanz tritt eine Verbundenheit höherer Art. Wir werden gewahr, daß wir im Grunde genommen uns selber – so, wie wir nun einmal geworden sind – zum großen Teil eben diesem Umkreis verdanken. Der Umkreis scheint nicht mehr durch den Mittelpunkt bestimmt, sondern vielmehr der Mittelpunkt aus dem Umkreis entstanden.

Auch in der Beziehung zu uns selber besteht die Aufgabe, den gewöhnlichen Erinnerungen selbstgeschaffene Bilder hinzuzufügen. Nur geht es hier darum, nicht die Distanz, sondern die unreflektierte Verbundenheit zu überwinden. Die dazu nötigen Kräfte entstehen, wenn wir wiederholt den Versuch unternehmen, uns auszumalen, wie wir uns selber als einem Zehn-, als einem Fünfzehn-, als einem Zwanzigjährigen usw. begegnen, und zwar so, als lernten wir dabei uns zum ersten Male kennen. Die dabei auftretende Schwierigkeit ist dieselbe wie diejenige, welche uns hindert, unser gegenwärtiges Erscheinungsbild und unsere gegenwärtige Lebensweise ohne optimistische oder pessimistische Zutat ins Auge zu fassen. Aber auch diese Schwierigkeit läßt sich eben zunächst leichter dort überwinden, wo wir mit einem Lebensalter nur noch erinnerungsmäßig verbunden sind. Daher kann auch hier die eigene Biographie das beste Übungsmaterial bieten.

Wie die zuerst geschilderte Art des Bildgestaltens die Kräfte unserer aktiven, den anderen Menschen entgegengebrachten Sozialität verstärkt, so beginnt sich unter dem Einfluß der zweiten die unwillkürliche Fixierung zu lockern, mit der wir gewöhnlich an die Kräfte der eigenen Antisozialität gefesselt sind. Beiden gemeinsam hingegen ist, daß die aus ihnen hervorgegangenen Bilder uns nicht wie die aufgedrängten zu irgendeinem vorgegebenen Verhalten zwingen, sondern sie verleihen im Gegenteil die Kraft, uns von dem Verhaltensdruck zu befreien, der während unseres bisherigen Lebens durch bloß aufgenommene Bilder entstanden ist. Nach und nach macht uns die dadurch gewonnene Unabhängigkeit möglich, in der eigenen Seele nun auch solche Bilder zu entwickeln, die sich auf die Gegenwart des Lebens und seiner Menschenbegegnungen beziehen. Soziales und antisoziales Verhalten wird dadurch immer mehr eine Sache der eigenen bewußten Entscheidung. Und je mehr es uns nun noch gelingt, die hier geschilderte Art von Bildgestaltung mit der Orientierung zu verbinden, die wir im Verlaufe der weiter oben skizzierten Übungen in bezug auf die bedürfende, mündige und fähige Natur des einzelnen Menschen gewonnen haben, um so tragfähiger wird sie sich in der Praxis des sozialen Lebens erweisen.

*

Nur Schritt für Schritt lassen sich die zur sozialen Dreigliederung führenden Keimkräfte so weit entwickeln, daß sie wirksam in das Gefüge der gegenwärtigen Gesellschaft einzugreifen vermögen. Das erfordert allerdings Geduld. Aber wir haben doch, so sind viele Menschen heute versucht zu antworten, keine Zeit; es sei «fünf Minuten vor zwölf». Nun kann es durchaus sein, daß in der gegenwärtigen Weltsituation für vieles eine echte Chance nicht mehr besteht oder doch sehr zweifelhaft ist. Dieser Zweifel läßt sich sogar vom Gesichtspunkt des vorliegenden Entwurfes voll verstehen. Und selbstverständlich will dieser Entwurf niemanden davon abhalten, etwas ihm nützlicher Erscheinendes zu tun. Wenn jedoch der Eindruck, keine Zeit zu haben, dazu führen würde, auch nicht mehr aus den bisherigen Ereignissen lernen zu wollen, so könnte es sein – daß auch mit diesem Nicht-lernen-Wollen wiederum viel Zeit unnütz vertan wird.

Denn was als Streben nach Freiheit, Gleichheit und Brüderlichkeit dem eigenen aktiven Menscheninteresse entspringt, hat ohne diese Schulung zur sozialen Phantasie vorerst noch mehr den Charakter der Sehnsucht nach einer neuen sozialen Wirklichkeit, als daß es bereits in der Lage ist, an dieser Wirklichkeit schon tatkräftig mitzuarbeiten. Ein Umstand, der verständlicherweise den Spott, ja den Hohn derer auf sich zieht, für die soziales Handeln allein eine Frage der Machbarkeit und des eigenen Durchsetzungsvermögens ist. Und für die der andere Mensch nichts anderes als das zu «behandelnde», d. h. ihren eigenen Intentionen anzupassende Objekt bleibt. Soll jedoch die unerfüllte Sehnsucht nicht schließlich gewaltsam in ihr Gegenteil umschlagen und verzweifelt der Versuchung unterliegen, die auf Anpassung anderer abgestellten Verhaltensweisen rein äußerlich zu bekämpfen, gibt es kaum eine andere Möglichkeit, als den Weg des geduldigen Lernens fortzusetzen. Denn die zu einer echten Neugestaltung des Gesellschaftsorganismus führenden Kräfte sind ihrer Natur nach ganz andere als diejenigen, welche in einem solchen Kampf provoziert würden; und sie müssen deshalb auch auf einem ganz anderen Felde gepflegt werden, wenn sie über den erwähnten Sehnsuchtscharakter hinaus erstarken sollen. (Dazu auch Anmerkung 19, Seite 173.)

Das Feld solchen Übens ist eben das der einfühlenden, gestaltenden und schöpferischen Phantasie. Damit ist es jedoch zugleich das Feld, auf dem gegenwärtig der eigentliche Kampf um den Menschen ausgefochten wird. Wer die Phantasie eines Menschen zu beherrschen vermag, beherrscht ihn selber – sogar wenn dieser sich äußerlich gegen den Herrschenden wehrt. Daher ist es lediglich die Frage, ob wir jeweils selbst es sind, die unserer Phantasie den konkreten Inhalt verleihen, oder ob wir es weiterhin anonymen Mächten überlassen, ihr diesen Inhalt zu geben. Möglich ist beides. Aber von der Entscheidung zwischen beidem hängt ab, ob wir auch künftig «keine Zeit» haben oder ob die Zeit auf neue Weise wiederum zum Lebensraum des Menschen wird.

*

Einer ganz anderen, eher musikalisch-bewegten Art von «Bildgestaltung» bedarf es, um ebenso dem zweiten der oben angezeigten auf bloße Anpassung abgestellten Momente entgegenzuwirken. Dieses besteht, wie wir sahen, in der passiven Gewöhnung an eine vermeintliche Notwendigkeit. Als ein Beispiel für dieses Moment wurde die nahezu alles gesellschaftliche Leben durchsetzende, aber einer kritischen Besonnenheit gegenüber vollständig unhaltbare Denkgewohnheit erwähnt, daß Arbeit und Einkommen notwendig zusammengehören. Erst wenn es uns gelingt, selber ein der Würde des Menschen entsprechendes Bild der Arbeit, wie auch das Bild einer des Menschen würdigen Einkommenserteilung zu entwikkeln, haben wir daher die Chance, uns aus der Umklammerung dieser Denkgewohnheit zu befreien.

Dabei kommt nun vor allem in Betracht, daß jedes dieser Bilder solange unvollkommen bliebe, als seine Gestaltung noch nicht von drei Seiten her erfolgt. Denn die Keimkräfte der sozialen Dreigliederung selbst sind es, die als Streben nach assoziativer, nach demokratischer und nach korporativer Gestaltung an der Hervorbringung solcher Bilder mitwirken müssen, wenn es auch hier zu einer wirkungsvollen Schulung der sozialen Phantasie kommen soll. Denn mit jeder sozialen Frage sind in Wahrheit sogleich drei Fragen aufgeworfen. So auch beispielsweise mit der Einkommensfrage: Inwiefern ist sie ein Problem des in jeglicher Form von Zusammenarbeit bestehenden Geisteslebens? Inwiefern ist sie darüber hinaus ein Problem des sich in Vereinbarungsvorgängen aktualisierenden Rechtslebens? Und inwiefern ist sie schließlich ein Problem des sich in Bedarfsbefriedigung entfaltenden Wirtschaftslebens?

Als Einkommen erteilt kann nur werden, was wirklich vorhanden ist bzw. in der Zeit, in der das Einkommen verbraucht wird, tatsächlich als Sozialprodukt zur Verfügung steht. Ob dies z. B. jeweils viel oder wenig ist, hängt nun – soweit der Mensch dabei in Betracht kommt – von dem Einsatz individueller menschlicher Fähigkeiten und der Art ihrer Zusammenarbeit ab. Ist diese Zusammenarbeit fruchtbar, so daß jeder seine Fähigkeit voll entfalten kann, so wird es mehr und qualitativ Hochwertigeres zu verteilen geben, als wenn das Gegenteil der Fall ist. Was und wieviel es zu verteilen gibt, ist insofern Sache eines mehr oder eines weniger freiheitlich-korporativ gestalteten Geisteslebens. – Allerdings hat gerade diese in bezug auf das gesamte Sozialprodukt berechtigte Seite der Einkommensfrage auch dazu geführt, das Einkommen des einzelnen nun als «Lohn» für seine Arbeit zu betrachten. Nun mag es bis zu einem gewissen Grade zwar richtig sein, die Jagdbeute eines sich seine Geräte selbst herstellenden Jägers als «Belohnung» für den Einsatz seiner Fähigkeiten anzusehen. Das Kennzeichen der arbeitsteiligen Gesellschaft aber ist es, daß sich die Leistung des einzelnen gerade nicht von der aller anderen abgrenzen läßt, daß also jeder selbstverständlich – ob er sich dessen bewußt ist oder nicht – mit Hilfe aller anderen produziert. Jedes scheinbar «leistungsbezogene» Einkommen ist deshalb in der gesellschaftlichen Wirklichkeit auf die Macht bezogen, die man sich entweder persönlich oder als Mitglied einer Gewerkschaft, eines Verbandes, einer Klasse usw. gegenüber anderen Menschen verschaffen konnte. Und damit kommt eine zweite Seite der Einkommensfrage in Sicht: die des Rechtslebens.

Die Verteilung des Sozialproduktes einer gesellschaftlichen Gesamtheit kann entweder macht- oder bedarfsbezogen vorgenommen werden. Eine wachsende demokratische Gestaltung des Rechtslebens entscheidet – wie wir gesehen haben – in Wirklichkeit darüber, wie groß der Anteil ist, der für eine bedarfsbezogene Einkommensbildung tatsächlich zur Verfügung steht und wieviel immer noch wie bisher dazu verwendet wird, um über den Boden-, Kapital- und Arbeitsmarkt Macht über andere Menschen auszuüben. Denn gerade diese Machtausübung zu verhindern ist Sache der entwickelten Demokratie. Je mehr eine solche Entwicklung gelingt, um so größer ist ganz selbstverständlich der Anteil, der für eine andere Art von Einkommensbildung zur Verfügung steht.

Dieser Mißbrauch finanzieller Mittel zur Machtausübung wird allerdings nicht etwa dadurch verhindert, daß die demokratische Organisation diese Mittel abschöpft, um sie im Sinne eines Staatskapitalismus selber zu verwenden, sondern lediglich dadurch, daß sie zu deren Weiterleitung verpflichtet und kontrolliert, ob dieser Pflicht genügt worden ist. Wohin sie nun sinnvollerweise weiterzuleiten sind, kann sich aber noch nicht aus rein rechtlichen Gesichtspunkten, sondern erst dann ergeben, wenn die Einkommensfrage von einem dritten Gesichtspunkte aus angeschaut wird, dem des assoziativ gestalteten Wirtschaftslebens. Und damit kommen wir auf die eigentlich im Wesen des Geldes liegende Qualität zurück, vor allem Anweisung auf Waren und Dienstleistungen anderer zu sein, die man zur Befriedigung seines Bedarfes braucht. Aufgabe eines assoziativ verstandenen Wirtschaftslebens ist es deswegen, das jeweils vorhandene Sozialprodukt so zu verteilen, daß damit – so gut wie bei einem selbstverständlich begrenzten Umfang irgend möglich – die Bedürfnisse aller befriedigt werden. Daß wir gegenwärtig von einer solchen Einkommensbildung weit entfernt sind, braucht hier kaum erwähnt zu werden. Erwähnt werden dagegen muß wiederum, daß sich diese Bedarfsbezogenheit noch dadurch kompliziert, daß es sich dabei ja nicht etwa nur um die Befriedigung des persönlichen Bedarfs von Mitarbeitern eines Betriebes und von deren Angehörigen handelt, sondern daß dem selbstverständlichen Überschuß über diese Summe in bestimmten Betrieben ein ebenso selbstverständlicher Unterschuß in anderen gegenübersteht, der ausgeglichen werden muß, falls an der Weiterarbeit letzterer ein echtes Bedürfnis besteht. Dazu kommt der ganze Bedarf an Investitionsgütern, d. h. ein Bedarf, der zwar bei einem Menschen oder einer Menschengruppe auftritt, aber nicht weil er ihrer persönlichen Lebenshaltung angehört, sondern weil sie sich tätig mit dem Bedarf anderer Menschen bzw. mit dessen Befriedigung identifizieren. Auch dem auf solche Weise sichtbar werdenden Bedarf an Betriebs- und Investitionskapital kann auf menschenwürdige Art nur vom Gesichtspunkt einer brüderlich-assoziativen Gestaltung Rechnung getragen werden. Dabei vermeidet dieser Weg in ökonomischer Weise die mit dem Kauf von Kapital auf einem Markt stets verbundene Verteuerung der Produkte zu Lasten des Verbrauchers ebenso, wie auch den unwirtschaftlichen Umweg über staatliche Subventionen und Investitionshilfen zu Lasten des Steuerzahlers.

Je korporativer das Geistesleben sich entfaltet, um so wertvoller wird das zu verteilende Sozialprodukt einer gesellschaftlichen Gesamtheit ausfallen, da diese Art von freier Entfaltung alle vorhandenen Fähigkeiten optimal zur Geltung kommen läßt. Je demokratischer das Rechtsleben eingerichtet wird, um so mehr wird von diesem Sozialprodukt für eine bedarfsbezogene Einkommensbildung zur Verfügung stehen, denn die auf Gleichheit aufbauende Art dieser Einrichtung verhindert, daß es zu Machtzwecken mißbraucht wird. Und je assoziativer das Wirtschaftsleben gestaltet ist, um so befriedigender wird die bedarfsbezogene Einkommenserteilung auch tatsächlich gelingen, weil diese Art von brüderlicher Gestaltung – bis in die Preisbildung und den notwendigen Ausgleich zwischen Über- und Unterschüssen hinein – von der Wahrnehmung des je gegenwärtig vorhandenen Bedarfes ausgeht. Auf diese Weise läßt sich – in einer Art von «Partitur» – zusammenfassen, was gewissermaßen dreistimmig zum Grundmotiv einer menschenwürdigen Einkommensbildung ineinanderklingt.

Was sich auf diesem Wege ergibt, hat – so wird man einzuwenden versucht sein – unter anderem den großen Fehler, daß ein so erteiltes Einkommen kaum mehr den Menschen motiviert, noch für andere zu arbeiten. Das ist richtig und unrichtig zugleich. Richtig daran ist, daß allerdings für das Arbeiten auf persönlichen Erwerb aus dieser Art von Einkommensbildung keinerlei Antrieb erwächst. Alle Berufstätigkeit würde auf diese Weise vielmehr – falls das Wegfallen des persönlichen Gewinnstrebens schon diesen Wortgebrauch rechtfertigte – zu «gemeinnütziger» Tätigkeit. Andererseits aber wird es immer mehr Menschen geben, die gerade deswegen in einem solchen Gesellschaftsorganismus arbeiten werden, weil sie wollen, daß er so und nicht anders ist. Jemanden von der Lohnsklaverei befreien kann man nicht, indem man ihm doppelten oder dreifachen Lohn gibt, sondern indem man ihn in die Lage versetzt, seine Arbeitskraft nicht mehr verkaufen zu müssen. (Vgl. dazu auch Anmerkung 20, Seite 173.)

Damit haben wir bereits begonnen, Gesichtspunkte zusammenzutragen, die zu einem entsprechenden «Bilde» der menschlichen Arbeit führen. Was hier in Betracht kommt, ist wiederum ein Problem ebenso des Geisteslebens wie des Rechts- und Wirtschaftslebens. Zusammenfassend ließe sich sagen: Je assoziativer das Wirtschaftsleben gestaltet ist, um so deutlicher ist, bis in die Stückzahl der zu produzierenden und bereitzustellenden Waren hinein, welche Aufgaben durch den innerhalb einer gesellschaftlichen Gesamtheit vorhandenen Bedarf vorgegeben sind. Durch ihre sorgfältige Beachtung wird ebenso Arbeitslosigkeit wie unnötig aufgewendete Arbeit verhindert. Je demokratischer das Rechtsleben geordnet wird, um so gesicherter wird der Zugang zu Boden, Kapital und der Mitarbeit anderer Menschen durch reine Rechtsvereinbarungen unter ebenbürtigen Partnern. Das Einrichten von Arbeitsplätzen tritt dadurch nicht mehr als drückender Kostenfaktor innerhalb der betreffenden Unternehmung auf. Und je korporativer das Geistesleben sich entfaltet, um so mehr wird der einzelne bei der Arbeit seine Fähigkeiten selbstverantwortlich entfalten, weil er die Antriebe zu ihr der Sache selbst entnimmt. So viel wenigstens kurz zu einem von drei Seiten her zu gestaltenden Bild der menschlichen Arbeit. Im übrigen darf, da das im zweiten Teil dieser Darstellung über die assoziative, demokratische und korporative Gestaltung der menschlichen Gesellschaft Gesagte besonders auf das Problem der menschlichen Arbeit abhob, hier auf diese Ausführungen zurückverwiesen werden.

Selbstverständlich liegt es an dieser Stelle der vorliegenden Darstellung außerordentlich nahe, wie auf etwas unverrückbar Feststehendes darauf hinzuweisen, daß es unter den gegenwärtigen Verhältnissen ganz unmöglich sei, solche Bilder und Motive im gesellschaftlichen Leben zu verwirklichen, da es doch gar nicht die

Menschen gäbe, die ihnen gemäß zu leben verstünden. Auf die Frage dieser «Verwirklichung» kommen wir gleich noch zurück. Was aber die heutigen Zeitgenossen betrifft, so haben wir – in uns selber und in anderen – in der Tat Menschen vor uns, die durch die oben aufgezeigten Anpassungsmethoden, oft lebenslang, sozial so sehr verkrüppelt worden sind, daß es ihnen zunächst tatsächlich unmöglich ist, ihr Leben nach diesen Bildern zu gestalten. Aber dadurch werden die hier beschriebenen Übungsaufgaben nicht überflüssig. Im Gegenteil: In sinnvollem Zusammenhang gepflegt, bilden sie ja gerade einen Weg, unter anderem diejenige Kraft in der eigenen Seele zu entwickeln, durch die wir uns selber dem verkrüppelnden Einfluß des uns Aufgedrängten zu entziehen vermögen. Und eine solche Kraft ist der tieferen Natur des heutigen Menschen nichts Fremdes. Wie stark sogar gegenwärtig die Menschennatur – teils bewußt, teils unbewußt – auf die Ausbildung dieser Kraft hindrängt, kann allerdings nur der beurteilen, der diese Natur nicht fortwährend mit dem verwechselt, was sie unter dem Einfluß der heutigen, auf Angepaßtwerden beruhenden Sozialgestaltung geworden ist.

Zur Bedeutung sozialer Modelle

Eine dritte Art von Bildgestaltung baut auf die beiden bisher geschilderten auf, führt aber entschieden über sie hinaus. Sie kann in dem unmittelbaren, wenn auch vielleicht zunächst nur nebenberuflichen Mitwirken an Einrichtungen gesehen werden, in denen auch unter den heutigen Verhältnissen versucht wird, aus einem neuen Menscheninteresse heraus im Leben der Gesellschaft etwas zustande zu bringen. Damit ist deutlich, daß es bei dieser Art von Bildgestaltung nicht mehr um ein Lernen durch diese oder jene übungshalber vorgenommene Besinnung, sondern um ein Lernen am eigenen Handeln geht. «Bild» ist dann, was daraus als soziale Gestalt im Leben selber gebildet wird. Wobei in Kauf genommen werden muß, daß diese soziale Gestalt unter Umständen von vielen noch lange als bloßes «Experiment» betrachtet, aber auch belächelt wird; mit Anteilnahme und Wohlwollen, aber auch mit Kopfschütteln und Kritik begleitet wird; und – möglicherweise – mit verdeckter oder offener Feindschaft verfolgt wird.

Das Gelingen eines solchen Überganges von der Übungs- zu der eigentlichen Arbeitsweise der sozialen Dreigliederung setzt den festen Willen voraus, weder einfach gewohnheitsmäßig drauflos zu handeln, noch etwa irgendein «Dreigliederungs-Programm» abwickeln zu wollen. Sondern wirklich auf der Grundlage eines Urteils darüber tätig zu werden, wodurch denn nun die betreffende Situation des gesellschaftlichen Lebens selbst zu dieser Dreigliederung veranlagt ist und wodurch sie im gegenwärtigen Augenblick in Richtung auf diese Dreigliederung gefördert werden kann. Oder es käme, falls man dennoch der Versuchung des bloßen Drauflos-handelns oder der des festgelegten Programmes erlegen ist, hier auf den festen Willen an, nun sorgfältig zu beobachten, inwiefern man dadurch dem Leben, anstatt es in seiner Eigenart zu fördern, etwas ihm Fremdes übergestülpt hat, und sodann mit sich und anderen geduldig nach einem neuen Ansatz zu suchen.

Was wir dazu brauchen, ist der produktive Blick, der die großen und durchgreifenden Gesichtspunkte der sozialen Dreigliederung immer wieder auf das Einzelne und Beschränkte der tatsächlich vorliegenden gesellschaftlichen Situation in Anwendung zu bringen vermag. Nicht um ihre weltumspannende Qualität zu verengen, sondern umgekehrt die Schranken des Einzelnen wiederum biegsam und für das Urbildliche des Ganzen durchlässig zu machen. Und wir brauchen dazu weiterhin die Fähigkeit, dem Einzelnen und Individuellen sozial-künstlerisch handelnd eine Gestalt zu erteilen, die zwar aus dem urbildlichen Ganzen erfließt, gerade dadurch aber das Individuelle der einzelnen Situation erst wahrhaft würdigt. Gelingt es uns, in unseren Mitarbeitern etwas von dem zu erblicken, was sich seiner Eigenart nach als je spezifische menschliche Fähigkeit entfalten will, auch wenn dadurch zunächst noch ein Unvollkommenes entsteht? Etwas, das durch Weisungsgebundenheit abzulähmen wir uns heute nicht mehr leisten können, weil das Leben der menschlichen Gesellschaft zu seinem Gedeihen auf diese Fähigkeiten und ihren selbstverantwortlichen Einsatz angewiesen ist? Oder gelingt es uns, ein Grundstück als Teil der für das Leben aller Menschen notwendigen Erdoberfläche zu sehen, obwohl es uns vielleicht als Erbschaft zugefallen ist? Und das daher sozial am sinnvollsten nicht durch Verkauf, sondern durch eine kostenfreie Vertragsgestaltung seiner Nutzung zugeführt wird? Oder gelingt es uns, innerhalb einer Gruppe von Menschen das Einkommen des einzelnen im Zusammenhang mit allen anderen so zu gestalten, daß es sich auf dessen Bedarf bezieht? So daß das gemeinsame Erträgnis, aus dem diese Einkommen entnommen werden, dabei für das zu verteilende Sozialprodukt, letztlich für das der ganzen Erde, durchsichtig wird?

Solche Anforderungen sind es, die auf dem hier betretenen Wege an uns gestellt werden. Und davon, ob wir ihnen nachzukommen vermögen, hängt ab, ob wir über die beiden oben geschilderten hinaus zu einer dritten Art von Bildgestaltung finden. Heute ist viel von der Wirksamkeit sozialer Modelle für eine gedeihliche Zukunft der menschlichen Gesellschaft die Rede. Wenn dabei nur an die –

dann zumeist missionarisch erlebte – Wirksamkeit solcher Modelle auf andere gedacht wird, kann solche Redeweise etwas Verführerisches haben. Je mehr wir dagegen in einem solchen Modell das ständig weiterzuentwickelnde Bild unseres *eigenen* sozialen Wirkens sehen, um so besser werden wir auch vorbereitet sein, an einer gedeihlichen Zukunft der Gesellschaft mitzuwirken.

Es ist richtig, daß eine solche Arbeit notwendigerweise vieles von einem Kompromiß an sich tragen wird. Aber von einem solchen wird, wenn lebensgemäß gesprochen werden soll, immer die Rede sein müssen. So ging es ja auch bei den dargelegten Hauptgesetzen des Geistes-, Rechts- und Wirtschaftslebens von Anfang an nie um ein bloßes Entweder-Oder, sondern stets um ein erst durch Beobachtung herauszufindendes, bzw. sich im Handeln herausstellendes Mehr oder Weniger einer aktiven, differenziert in das gesellschaftliche Leben eingreifenden Sozialität. Insofern besteht auch die mit dem Schaffen sozialer Modelle zusammenhängende Aufgabe natürlicherweise immer wieder in dem Streben nach einem Kompromiß zwischen dem, was wir selber im Sinne einer solchen aktiven Sozialität wollen, und dem, was die heutigen antisozialen Umweltbedingungen uns aufdrängen. Worauf aber alles ankommt, ist, daß nun dieser Kompromiß – wie er sonst auch immer beschaffen sein mag – stets in Richtung auf die geschilderte assoziative, demokratische und korporative Qualität hin weiter ausbaufähig bleibt. Was das hier gemeinte soziale Modell ausmacht, besteht daher vor allem in der *Entwicklungsfähigkeit* des jeweils gefundenen Kompromisses. (Zur Arbeit an solchen Modellen einer neuen Sozialität vgl. unter anderem Stefan Leber 1974; A. H. Bos/D. Brüll/A. C. Henny 1976; Erhard Fucke 1977; Reinhard Giese 1980; Wilhelm Ernst Barkhoff 1980.)

Aus alledem wird deutlich, wie sehr diese dritte Art von Bildgestaltung nicht nur mit der sozialen Wahrnehmungs- und Gestaltungsfähigkeit zusammenhängt, welche auch durch die vorherigen Übungen gepflegt wurde, sondern ebenso mit der Lebens- und Schicksalssituation dessen, der an einem solchen Modell mitarbeitet. Welche Menschen kommen im Leben auf ihn zu? Welche Aufgaben stellt sein Schicksal ihm? In diesem Sinne hängt der hier gemeinte Schritt ebenso in gesteigertem Maße mit der Bereitschaft zusammen, der die vorliegende Darstellung als ganze gewidmet ist: mit der Bereitschaft, von den Erfolgen, wie von den nicht ausbleibenden Mißerfolgen seines eigenen sozialen Handelns sorgfältig zu lernen. Dies mag oft schmerzhaft sein. Schon deshalb, weil wir durch den zurückgelegten Übungsweg viel genauer als vorher in der Lage sind, zu beurteilen, wie sehr ein solches Mißlingen vielleicht an uns selber – unserer eigenen Unzulänglichkeit – liegt. Und weil wir unter Umständen zu Recht annehmen müssen, daß wir einem wirklichen Gelingen selber noch lange im Wege stehen werden. Wer aber die Furcht vor diesem Schmerz nicht überwindet, wird auf sozialem Felde kaum im vollen Sinne ein Lernender werden können. Er wird im Gegenteil ständig versucht sein zu meinen, «ausgelernt» zu haben.

Gelingt es hingegen, sich hier wach zu halten, so wird man z. B. bemerken, daß in der Regel bei einem solchen Modell sich etwas gegenüber der übrigen Gesellschaft relativ Abschließendes herausbildet. Von Außenstehenden wird es unter Umständen sogar – weil innerhalb der betreffenden Einrichtung alles mühelos und harmonisch ineinander zu greifen scheint – leicht als eine «soziale Idylle», als eine Art «Insel der Seligen» verkannt werden können. Dies stellt sich namentlich überall dort ein, wo die darin aktiven Mitarbeiter ihre innerhalb der gemeinten Einrichtung gewonnenen Fähigkeiten auch weiterhin ausschließlich dieser und nicht auch der übrigen Gesellschaft zur Verfügung stellen. Dadurch aber entsteht die Gefahr, daß auf die Dauer auch die mit der betreffenden Einrichtung ergriffenen sozialen Aufgaben dabei zu kurz kommen. Spätestens nach der Konsolidierungsphase sollte die Arbeit in einer solchen Einrichtung daher so gestaltet werden, daß die in ihr aktiven Mitarbeiter wenigstens einen kleinen Teil ihrer Bemühungen auch anderen gesellschaftlichen Angelegenheiten zuwenden können, als die durch ihre Einrichtung ergriffenen es sind. (Ein Beispiel dazu enthält Anmerkung 21, Seite 175.)

Hilfen im Werk Rudolf Steiners

Die voranstehenden Übungen wurden hier in einer Folge aufgeführt, in der, tatsächlich ergriffen, sie sich gegenseitig erhellen. Bei den drei zuerst genannten handelt es sich um drei verschiedene Arten von Orientierungsübungen, durch die versucht werden kann, sich jedesmal ein selbständiges Urteil darüber zu verschaffen, wodurch eine gesellschaftliche Situation zur sozialen Dreigliederung veranlagt ist. Die erste knüpft dabei an einen beliebigen, innerhalb der sozialen Welt entstandenen Gegenstand, die zweite an ein Unternehmen (einen Betrieb, eine Einrichtung), die dritte aber an einzelne im gesellschaftlichen Leben kennengelernte Menschen an. Bei den zuletzt genannten handelt es sich demgegenüber um drei bildschaffende Übungen zur Ausbildung der sozialen, d. h. für das Eigentümliche des menschlichen Miteinanders empfänglich werdenden Phantasie. Die erste von ihnen knüpft an Menschen an, denen wir in unserem bisherigen Leben begegnet sind. Die zweite geht von den drei Seiten, die für die hier angeregte Sozialgestaltung in Betracht kommen, nach Lösungsmöglichkeiten suchend auf ein im Mittelpunkt stehendes Problem zu. Die dritte von ihnen sucht im gesellschaftlichen Leben selbst ein Bild dieser dreifachen Sozialität zu schaffen und vollzieht dadurch den Übergang von der Übungs- zur eigentlichen Arbeitsweise der sozialen Dreigliederung. Zwischen beiden Gruppen von Übungen wurde das innere Ringen geschildert, das notwendig ist, um von der bloß passiven Sozialität – und der sie durch Anpassungsdruck bewirkenden aktiven Antisozialität – zu jener aktiven Sozialität zu finden, die das Herzstück des hier gemeinten Bemühens bildet.

Diese Darstellungsweise der Sache soll jedoch nicht besagen, daß die zur Rede stehenden Übungsarten allein in dieser Reihenfolge verwendet werden können. Im Gegenteil: Je mehr jede von ihnen ein Instrument wird, durch den Umgang mit ihnen gleichzeitig sich selber, seine eigenen Begabungen wie seine Schwächen, kennenzulernen, um so individueller wird naturgemäß der Übende hinsichtlich Gewichtung und gegenseitiger Ergänzung, Rhythmus und sich ergebender Reihenfolge mit ihnen verfahren. Und gerade auf eine solche *Individualisierung* des hier Vorgebrachten – und nicht etwa auf eine bloß «programmgemäße Durchführung» – kommt es auf dem eingeschlagenen Wege an.

Ich bin mir natürlich bewußt, daß für das hier angeregte Bemühen viele unserer Zeitgenossen bestenfalls ein «müdes Lächeln» übrig haben. Sie mögen dieses Buch ruhig beiseite legen. Dennoch bleibt zu beachten, daß unter ihnen auch solche sind, die entweder durch ihre wissenschaftliche Arbeit sich auf diesem oder jenem Gebiet unserer gesellschaftlichen Vergangenheit oder Gegenwart höchst schätzenswerte Kenntnisse erworben haben oder durch ihre Berufs- und Lebenspraxis intensiv mit diesem oder jenem gesellschaftlich wichtigen Aufgabenfeld verbunden sind. Ihnen zu begegnen kann von den hier angezeigten Gesichtspunkten aus durchaus eine Wohltat sein. Andererseits ist es erschreckend, gewahr zu werden, wie wenig solche Menschen in der Regel in der Lage sind, diesen Reichtum an systematisch gesammelten Kenntnissen oder praktisch erworbener Erfahrung so zu verarbeiten, daß ihnen daraus das Wirklichkeitsgemäße einer Gliederung des Gesellschaftsorganismus in drei getrennt voneinander zu gestaltende Lebensbereiche ins Auge springt. Ein Ausgleich ist deshalb bitter notwendig. Ein erster Schritt in Richtung auf einen solchen Ausgleich entsteht dadurch, daß es ebenfalls Menschen gibt, die an ihren unter Umständen sehr viel eingeschränkteren Kenntnissen und Erfahrungen zu lernen suchen, *Lernende* zu werden.

Das gesamte philosophische wie anthroposophische Werk Rudolf Steiners möchte dazu eine Hilfe sein – wie auch der hier vorgelegte Entwurf seine Entstehung einer Schulung an dem Lebenswerk Rudolf Steiners verdankt. Darüber hinaus muß an dieser Stelle der vorliegenden Ausführungen natürlich speziell auf die der sozialen Frage gewidmeten Schriften und Vorträge Rudolf Steiners nachdrücklich hingewiesen werden. Insbesondere für jene drei Arten von Bildgestaltung, von denen in den vorigen Kapiteln die Rede war, finden wir in ihnen Anregung und Hilfe. So ist es beispielsweise naheliegend, hinsichtlich der zuletzt geschilderten dritten Art von Bildgestaltung zuallererst Rudolf Steiners eigene Arbeitsweise zu betrachten. Schon die Art seiner Darstellung des anthroposophischen Sozialimpulses ist unter diesem Gesichtspunkt von höchstem Interesse. Denn auch hier ist zweifellos Rudolf Steiners Ziel zunächst der entwicklungsfähige Kompromiß. Spätestens seit der Veröffentlichung seiner «Kernpunkte der sozialen Frage» im April 1919 war Rudolf Steiner sich darüber im klaren, mit welch ungeheuren Verständnisschwierigkeiten er bei seiner Aufklärungsarbeit zu rechnen habe. Hatte er in den «Kernpunkten» noch unmittelbar versucht, an das gewöhnliche Wortverständnis von Wirtschafts-, Rechts- und Geistesleben anknüpfend diese Begriffe in Richtung auf ein differenzierteres Verständnis weiterzubilden, so genügt es ihm in vielen seiner auf diese Veröffentlichung folgenden Darstellungen vorerst, wenigstens an solchen Beispielen seine Auffassung darzutun, die dem gewohnten Wortgebrauch ohnehin entgegenkommen. So etwa, wenn er die Bedeutung des freiheitlich-korporativen Elementes am Beispiel des *kulturellen* bzw. des *pädagogischen* Geisteslebens oder die des brüderlich-assoziativen Elementes am Beispiel des *materiellen* Wirtschaftslebens schildert. Denn nicht nur, daß diese Beispiele in der damaligen Notzeit das Nächstliegende betrafen; Rudolf Steiner konnte ja immerhin die berechtigte Hoffnung haben, daß derjenige, der die Arbeitsweise der sozialen Dreigliederung an diesen Beispielen wirklich ergreift, sich auch, vom Leben selber lernend, in der Behandlung anderer Probleme zurechtfinden werde. Und auf dieses Ergreifen der Sache im praktischen Leben kam es in einer Zeit, in der alles darniederlag, selbstverständlich an.

In seinen «Kernpunkten» stellte Rudolf Steiner hingegen seinen Lesern noch die Aufgabe, schon im Verlaufe dieser Darstellung sich von einem solchen ersten und noch innerhalb des gewohnten Wortgebrauches liegenden Beispiel zu lösen und das Gefundene auf ein anderes und ungewöhnliches Beispiel zu übertragen. So charakterisiert er im zweiten Kapitel das Wirtschaftsleben noch von der größeren oder kleineren Umwandlung her, welche die Naturgrundlage bzw. deren Rohprodukte erfahren, bis sie konsumfähig sind. Ohne Zweifel wird dabei also an den Begriff angeknüpft, den wir gewöhnlich von Wirtschaft als einem materiellen Geschehen haben. Entsprechendes ist der Fall, wenn wir im selben Kapitel Wissenschaft, Lehre, Weltanschauung, Kunst, Religion, Schulwesen usw. in dem Begriff des Geisteslebens zusammengefaßt finden. Wir werden uns ein solches Geistesleben eben selbstverständlich als Kulturleben vorstellen. Gänzlich unerwartet ist es daher, wenn wir im dritten Kapitel seiner Schrift als eine Aufgabe des Geisteslebens die Leitung der auf dem Einsatz von Kapital beruhenden wirtschaftlichen Vorgänge charakterisiert finden; oder wenn als im Wirtschaftskreislauf zirkulierende Ware nicht nur Konsumgüter, sondern auch dasjenige charakterisiert wird, was der Lehrer in der Schule an seinen Schülern leistet. Solange wir die Sache mit dem gegenstandsgebundenen Vorstellen verfolgen, könnte der Gegensatz zwischen beiden Aussagen kaum vollkommener sein; erheben wir uns dagegen zum reinen Denken, so leuchtet unmittelbar ein, daß sich der Begriff des Geisteslebens jedes Mal auf den Einsatz menschlicher Fähigkeiten, der des Wirtschaftslebens auf die hervorgebrachten und der Bedarfsbefriedigung zur Verfügung gestellten Produkte bzw. Leistungen bezieht, gleichgültig, auf welchem Gebiet sich diese beiden gesellschaftlichen Lebensbereiche dabei darleben. Dadurch löst sich der vermeintliche Widerspruch in Nichts auf. Von einer solchen, dem Leser der «Kernpunkte» zugemuteten, aber auch zugetrauten Aufgabenstellung her angeschaut, wird beispielweise auch der fortdauernd auf die Ausbildung des reinen Denkens abzielende Stil verständlich, der die meisten der von Rudolf Steiner verfaßten Zeitschriftenaufsätze über die soziale Frage auszeichnet, wie sie heute in dem Buch «In Ausführung der Dreigliederung des sozialen Organismus» (GA 24) zusammengefaßt sind.

Was hier als in der Art der Darstellung angestrebter «entwicklungsfähiger Kompromiß» sichtbar wird, zeichnet sich also stets durch etwas Vorläufiges, noch Unfertiges, auf dem Wege Befindliches aus, das für weitere Entwicklungsschritte offen bleibt. Diese Entwicklungsoffenheit ist es auch, um die es Rudolf Steiner in der Praxis der von ihm gestalteten Einrichtungen ging, so etwa bei der Begründung und dem Aufbau der ersten Freien Waldorfschule in

Stuttgart, von der schon weiter oben die Rede war. Ein solcher Kompromiß liegt beispielsweise insofern vor, als in ihr zwar ganz aus einer auf das anthroposophische Verständnis der heranwachsenden Menschen gebauten Pädagogik gearbeitet wird, diese aber, wenn sie dem jungen Menschen nicht den Zugang zum Hochschulstudium erschweren oder gar abschneiden will, auch auf das von einem solchen Menschenverständnis weit entfernte Examen des Abiturs vorbereiten muß. «Manche, nicht wahr, schlagen sich durch und werden (wie beispielsweise Robert Hamerling) berühmte Dichter, selbst mit einem schlechten Zeugnis aus der Unterrichtssprache. Aber nicht jeder schlägt sich durch. Für viele bedeutet beim Abiturientenexamen durchfallen: aus dem Leben herausgeworfen werden. Und so muß man sagen: In je höhere Schulklassen man hineinkommt, desto mehr tritt das auf, daß der Unterricht, den man da geben muß, dem Ideal nicht vollständig entspricht. Gerade das darf man nicht aus den Augen verlieren. Und das ist etwas, was nun eben zeigt, wie sehr man für diese Dinge mit dem Leben rechnen muß. – Für einen naturgemäßen Unterricht und für eine naturgemäße Erziehung kann natürlich immer nur die Frage sein: Erreicht der Mensch denjenigen sozialen Anschluß im Leben, der durch die Menschennatur selbst gefordert wird? Denn zuletzt sind das ja auch Menschen, die das Abiturientenexamen fordern, wenn auch das Fordern in dem Stile, wie es heute eintritt, eben ein Irrtum ist. Aber man ist eben dann genötigt, nicht das ganz Richtige zu machen, wenn man im Sinne dieser heutigen sozialen Forderungen nun gerade die Waldorfschulpädagogik einführen will. Daher wird natürlich jemand, der die obersten Klassen inspiziert, sich sagen müssen: Ja, da ist ja gar nicht alles so, wie es von der idealen Waldorfschulpädagogik gefordert wird« (GA 306, 21. 4. 1923). Die auch heute noch von den meisten Waldorfschulen durchgeführte Abiturvorbereitung erhält dadurch den Charakter einer mindestens zum weitaus größten Teil außerhalb des von der Rudolf-Steiner-Pädagogik angestrebten Unterrichtszieles liegenden Dienstleistung. Sie versucht jedoch andererseits, diese Dienstleistung so zu erbringen, daß dadurch möglichst wenig von den Entwicklungsmöglichkeiten verschüttet wird, die auf den vorhergehenden Schulstufen angelegt wurden.

Ein zweites hierher gehörendes Beispiel bildet die Gründung der «Aktiengesellschaft zur Förderung wirtschaftlicher und geistiger Werte» mit dem Namen «Der kommende Tag», die bald danach siebzehn Unternehmungen nicht nur ganz verschiedenartiger Branchen, wie z. B. eine Zigarettenfabrik und eine Werkzeugmaschinenfabrik es sind, umfaßte, sondern auch – finanziell gesehen – solche natürlicherweise «chronischen» Unterschußbetriebe wie die Freie Waldorfschule oder die Forschungslaboratorien, aus denen später die Heilmittelherstellung der Weleda in Schwäbisch Gmünd geworden ist. In der Schweiz entsprach diesem assoziativen Unternehmenszusammenhang die «Futurum AG, ökonomische Gesellschaft zur internationalen Förderung wirtschaftlicher und geistiger Werte». In seinen «Leitgedanken für eine zu gründende Unternehmung» vom November 1920 sagt Rudolf Steiner dazu:

«Die Unternehmung muß auf der Erkenntnis ruhen, daß die technische, finanzielle etc. Tätigkeit Zweige entfalten kann, die zwar für den einzelnen Unternehmer zeitweilig günstige Resultate liefern, die aber im Zusammenhang der sozialen Ordnung zerstörend wirken. In dieser Art waren viele Unternehmungen der neuesten Art orientiert. Man fruktifizierte sie, und gerade durch ihre Fruktifizierung untergrub man die soziale Ordnung. Dieser Art von Unternehmen müssen solche gegenübertreten, die aus einem gesunden Denken und Empfinden heraus stammen. Sie können sich in wirklich fruchtbarer Art der sozialen Ordnung einfügen. Sie können aber nur aus der durch die anthroposophisch orientierte Geisteswissenschaft angeregten sozialen Denkweise getragen sein.

Es ist richtig, daß auch eine Unternehmung wie die hier charakterisierte zunächst nur die sozial-technischen und die finanziellen Krisenmöglichkeiten überwinden kann und daß ihr die sozialen Schwierigkeiten so lange gegenüberstehen werden, als diese als eigentliche Arbeiterfrage noch die Gestalt an sich tragen, die aus der zu Krisen verurteilten alten Produktionsweise stammt. Die an den neuen Unternehmungen beteiligten Arbeiter werden zum Beispiel in Lohndifferenzen sich gerade so verhalten, wie sie sich den Unternehmungen alten Stils gegenüber verhalten. Allein man darf bei solchen Dingen nicht unterschätzen, wie bald bei richtiger

Führung ein Unternehmen der hier charakterisierten Art auch sozial günstige Folgen haben muß. Das wird man *sehen.* Und das Beispiel wird überzeugend wirken. Wenn eine Unternehmung *dieser Art* stocken wird, dann wird man die Arbeiter, die daran beteiligt sind, schon mit ihren Überzeugungen bei dem Wieder-in-Fluß-Bringen haben. Denn nur dadurch, daß man durch eine auf *alle* Menschenklassen wirkende Denkungsart die Handarbeiter mit den geistigen Führern von Unternehmungen zu einem Interesse bringt, kann den sozialen Zerstörungskräften entgegengearbeitet werden» (in GA 24).

Die Zeit, eine solche Denkungsweise auszubilden, war zu kurz. Beide Unternehmenszusammenhänge haben, wie viele andere Unternehmen, die damalige allgemeine Wirtschaftskrise nicht überlebt und mußten liquidiert werden.

*

Der weitaus größte Teil der Schriften bzw. der etwa hundert Vorträge Rudolf Steiners zur sozialen Frage bezieht sich auf die oben besprochene zweite Art der Bildgestaltung. Nur daß die darin liegende Hilfe wiederum vor allem in der Methode der Darstellung gesucht werden muß. Wie auf anderen Gebieten der Geisteswissenschaft schildert Rudolf Steiner auch hier Gegenstände und Vorgänge von verschiedenen Seiten bzw. Gesichtspunkten her. Solche Schilderungen scheinen, besonders durch den immer wieder anders gewählten Schwerpunkt, einander oftmals zu widersprechen. Aber gerade diese scheinbare Widersprüchlichkeit kann, bewußt ergriffen, außerordentlich fruchtbar sein, da sie in mannigfaltiger Weise den verschiedenartigen Gesichtspunkten entspringt, die wir oben mit dem Streben nach Brüderlichkeit, Gleichheit und Freiheit bzw. nach assoziativem, demokratischem und korporativem Verhalten gekennzeichnet haben. Darauf soll an dieser Stelle der vorliegenden Ausführungen an den Beispielen der gesellschaftlichen Gestaltung von Einkommen und Arbeit noch einmal hingewiesen werden.

In der zweiten Auflage seiner «Kernpunkte» bezieht, wie bereits angeführt, Rudolf Steiner das zu erteilende Einkommen und das gesunde Preisverhältnis der zum Verkauf angebotenen Güter aufeinander, wenn er von dem letzteren sagt: «Dieses muß so sein, daß jeder Arbeitende für ein Erzeugnis so viel an Gegenwert erhält, als zur Befriedigung sämtlicher Bedürfnisse bei ihm und den zu ihm gehörenden Personen nötig ist, bis er ein Erzeugnis gleicher Arbeit wieder hervorgebracht hat» (GA 23, in der 2. Auflage hinzugefügte Anmerkung). Gewiß, eine solche Formulierung läßt vieles offen. So könnte diese Befriedigung z. B. dadurch erreicht werden, daß die Preise jeweils hoch genug sind, um ein genügend großes Einkommen zu erteilen; aber auch dadurch, daß sie niedrig genug gehalten werden, um durch eine hohe Kaufkraft für jedes erteilte Einkommen erschwinglich zu bleiben. Beide Wege der Preisgestaltung setzen in bezug auf die Einkommensbildung jedoch die echte Wahrnehmung der beim einzelnen vorhandenen Bedürfnisse und das Streben nach ihrer Befriedigung voraus, also genau das, was weiter oben als brüderliches oder assoziatives Verhalten geschildert wurde. Wir haben diese Art von Einkommensbildung als eine bedarfsbezogene der scheinbar leistungsbezogenen, in Wirklichkeit aber machtbezogenen gegenübergestellt.

Von einer anderen Seite tritt Rudolf Steiner beispielsweise in seinem Vortrag vom 16. Februar 1919 an die Einkommensfrage heran: Es «ist eine primäre Tatsache, daß in Wirklichkeit in einem sozialen Organismus niemand mehr verdient – man verdient nicht durch Arbeit, wenn man auch noch so viel arbeitet – als . . . die gesamte Grundrente, dividiert durch die Einwohnerzahl. Was sonst mehr verdient wird, wird verdient durch Koalitionen und durch Assoziationen, daß auf die eine Persönlichkeit mehr Werte kommen als auf die andere» (GA 189, 16. 2. 1919). Bei einer solchen Ansicht der Sache steht zweifellos der die Gleichheit betonende rechtliche Aspekt der Einkommensbildung im Vordergrund. Würden wir jedoch von ihm allein her uns ein Bild der Einkommenserteilung machen, so folgte daraus eine gesellschaftliche Situation, in der wegen der Ungleichheit der menschlichen Bedürfnisse es nicht möglich wäre, den Bedarf aller optimal zu befriedigen. Dennoch hat dieser Aspekt, in die Einkommenserteilung eingebracht, beispielsweise den Sinn, auf demokratischem Wege dafür Sorge zu tragen, daß die Grundrente überhaupt zur Einkommenserteilung voll zur Verfügung steht und nicht zum

Beispiel teilweise zu ungerechtfertigter Machtausübung zurückgehalten wird, wie das gegenwärtig selbstverständlich fortwährend geschieht. Dieses demokratische Element ist damit die notwendige Voraussetzung des assoziativen. Würde das erstere allein wirksam werden, so würden die Einkommen aller notwendig gleich groß. Insofern das assoziative Element ebenfalls eingreift, kommen – dem beobachteten Bedürfnis entsprechend – «mehr Werte» auf die eine Persönlichkeit als auf die andere.

Jeder Blick in Geschichte und Gegenwart der menschlichen Gesellschaft zeigt, daß allerdings eine noch menschenunwürdigere Einkommenserteilung möglich ist als die auf einer rein rechnerischen Teilung der Grundrente durch die Bevölkerungszahl beruhende. Es ist die heute gewöhnliche. Auch durch sie kommen «mehr Werte» auf die eine Persönlichkeit als auf die andere. Aber nicht deswegen, weil ihr Bedarf größer ist, sondern durch die Koalitionen, die sie – im Sinne von Kapitalgesellschaften, Berufsständen, Gewerkschaften usw. – mit anderen Menschen eingegangen ist, um dritte zu beherrschen oder sich wenigstens ihnen gegenüber zu behaupten. Zu diesen Koalitionen gehören alle gesellschaftlichen Gruppen, die an einer «Bezahlung nach Leistung», da diese in Wirklichkeit eine «Bezahlung nach Macht» ist, festhalten (Anmerkung 22, Seite 176). Dagegen hat der Gesichtspunkt der Leistung jedes einzelnen und damit der einer mehr oder weniger fruchtbaren Zusammenarbeit durch den freien oder reglementierten Einsatz seiner Fähigkeiten eine ungeheure Bedeutung für die Steigerung der Bodenrente und damit für den Umfang dessen, was es als Einkommen zu verteilen gibt. Denn selbstverständlich ist die Bodenrente, sowohl innerhalb eines beschränkten Areals wie auch auf dem ganzen Erdball, um so größer, je fruchtbarer die Leistung jedes einzelnen ist. Eine – vermeintlich – leistungsbezogene Einkommensbildung aber wendet den Gesichtspunkt, der für die Entstehung der Bodenrente leitend sein muß, auf ihre Verteilung an und führt dadurch zu den gegenwärtigen sozialen Notständen.

«Soll eine gedeihliche soziale Struktur herauskommen, so darf das nicht sein, . . . daß der Mensch für seine unmittelbare Arbeit entlöhnt wird. Die Arbeit gehört der Menschheit, und die Existenzmittel müssen auf anderem Wege den Menschen geschaffen werden als durch Bezahlung seiner Arbeit», formulierte Rudolf Steiner (GA 185 a, 24. 11. 1918). Man sagt, daß Leistung der Gegenleistung entsprechen müsse. Das ist richtig. Aber in einer Gesellschaft, in der es durch die arbeitsteilige Struktur gar nicht mehr möglich ist, die Leistung des einen von der des anderen abzugrenzen, *kann* diese Gegenseitigkeit nur eine solche sein, deren Grundlage durch eine assoziativ gestaltete Einkommenserteilung überhaupt erst geschaffen wird. Alles, was darüber hinaus liegt, hat zwar mit der lebenslangen Mitarbeit an dem Sozialprodukt der ganzen Erde, nicht aber mehr mit dem Austausch von Einzelleistungen zu tun (vgl. dazu u. a. auch GA 23, 3. Kapitel).

Auf solche Art kann wenigstens probeweise deutlich werden, wie Rudolf Steiner an den verschiedenen Stellen seines Schrift- und Vortragswerkes unterschiedliche Gesichtspunkte in der Behandlung eines Problemes vorwalten läßt und dadurch fortdauernd zur Gestaltung ein und desselben Sachzusammenhanges von drei verschiedenen Seiten her anregt. Alle drei gehören zusammen. Und alle drei zusammen wendet Rudolf Steiner an, wenn er, wie oben schon zitiert, z. B. von der Einkommenserteilung innerhalb eines Unternehmens sagt, daß es dabei auf «das vertragsgemäße Teilungsverhältnis in bezug auf das vom Arbeitsleiter und den Arbeitern gemeinsam Geleistete in Verbindung mit der gesamten Einrichtung des sozialen Organismus» (GA 23, 3. Kapitel) ankomme. Das gemeinsam Geleistete ist eine Frage der durch die mehr oder weniger freie oder fremdbestimmte Zusammenarbeit gesteigerten Bodenrente. Sie vertragsgemäß zu verteilen, ist eine Frage der gemeinsamen mehr oder weniger auf Gleichheit oder Macht gebauten Vereinbarung. Das dabei angewendete in Verbindung mit dem gesamten sozialen Organismus zu sehende Teilungsverhältnis aber ist eine Frage der mehr oder weniger brüderlichen oder durch Gewinnmaximierung einzelner eingeengten Bedarfsbefriedigung, wobei hier nicht nur an die persönliche Lebenshaltung des einzelnen Mitarbeiters, sondern auch an die Lebenshaltung der mit dem Unternehmen assoziativ Verbundenen, ebenfalls aber an den Bedarf an Kapital für Investitionen gedacht werden muß, der innerhalb oder außerhalb der betreffenden Unternehmung auftritt.

Auf ähnliche Art entsteht bei Rudolf Steiner auch ein Bild der menschlichen Arbeit, was hier wenigstens noch durch die folgenden drei Aussagen angedeutet werden soll:

«Denn der Verbrauch von menschlicher Arbeitskraft ist nur durch das vorhandene Bedürfnis gerechtfertigt. ... Die Aufwendung von menschlicher Arbeitskraft ist nur gerechtfertigt, wenn man voraussehen kann, daß das Produkt der menschlichen Arbeit Menschen zugute kommt» (GA 190, 14. 4. 1919).

«Es muß in Zukunft so unmöglich sein, daß durch wirtschaftliche Konjunktur, durch die wirtschaftlichen Zwangsverhältnisse etwas über das Arbeitsrecht bestimmt wird, wie es unmöglich ist, einfach durch die Naturverhältnisse, daß aus dem wirtschaftlichen Kreislauf oder aus sonstigem heraus die Naturkräfte, Regen und Sonnenschein, geregelt werden. Unabhängig vom Wirtschaftsleben muß staatlich festgestellt werden auf demokratischem Boden, wo ein Mensch dem anderen gleich ist, was Arbeitsrecht ist. ... Wenn so das Wirtschaftsleben nicht bestimmt die Arbeitskraft, sondern wenn umgekehrt das Wirtschaftsleben sich richten muß nach dem, was der Arbeiter aus sich selbst heraus in der staatlichen Demokratie über seine Arbeit bestimmt, dann ist eine wichtige Forderung erfüllt» (GA 330, Vor Arbeitern der Daimler-Werke in Stuttgart-Untertürkheim am 26. 4. 1919).

«Die Idee vom dreigliedrigen sozialen Organismus ... will in dem freien, auf sich selbst gestellten Geistesleben ein Gebiet schaffen, in dem der Mensch lebensvoll verstehen lernt, was die menschliche Gesellschaft ist, für die er arbeiten soll; ein Gebiet, in dem er die Bedeutung seiner Einzelarbeit im Gefüge der ganzen gesellschaftlichen Ordnung so durchschauen lernt, daß er diese Einzelarbeit wegen ihres Wertes für das Ganze lieben lernt. Sie will in dem freien Geistesleben die Grundlagen schaffen, die ein Ersatz sein können für den Antrieb, der aus der persönlichen Gewinnsucht kommt» (GA 24, Arbeitsfähigkeit, Arbeitswille und dreigliedriger Organismus).

Wiederum zeigt diese Auswahl, wie für Rudolf Steiner ein Bild der menschlichen Arbeit erst dann vollständig ist, wenn es von den drei Gesichtspunkten, dem der Freiheit, dem der Gleichheit und dem der Brüderlichkeit her geformt wird.

Damit ist gleichzeitig einer der wichtigsten Momente aufgezeigt, durch die das Studium der sozialwissenschaftlichen Schriften und Vorträge Rudolf Steiners für die eigene Arbeit fruchtbar werden kann. In diesem Sinne genommen erweisen sich die Darstellungen Rudolf Steiners selber als ein unerschöpflicher Schulungsweg zur Ausbildung der sozialen Phantasie, dessen Reichtum und innere Vielfalt es in der angezeigten Beziehung größtenteils erst noch zu entdecken gilt.

*

Die angeführten Übungen zu der oben zuerst geschilderten Art von Bildgestaltung beschreibt Rudolf Steiner dagegen im wesentlichen in einem einzigen Vortrage. Er wurde unter dem Titel «Soziale und antisoziale Kräfte im Menschen» am 12. Dezember 1918 in Bern gehalten und bespricht in seinem Mittelteil «vom Standpunkt der Volkspädagogik» aus die Frage: «Wie können wir überhaupt den sich auf naturgemäße Weise entwickelnden antisozialen Trieben die sozialen Triebe entgegenstellen, bewußt entgegenstellen?» Und im Anschluß an die Schilderung der einen der beiden hier in Betracht kommenden Übungen fährt Rudolf Steiner fort: «Weil wir uns geübt haben, Bilder von in der Vergangenheit mit uns zusammenhängenden Persönlichkeiten zu finden, so löst sich von unserer Seele ein Sinn los, nun auch *dem* Menschen gegenüber zu einem Bilde zu kommen, dem wir in der Gegenwart gegenübertreten, dem wir dann von Angesicht zu Angesicht in der Gegenwart gegenüberstehen. Und das ist das ungeheuer Wichtige, daß in uns der Trieb erwacht, nicht bloß den Menschen, wenn wir ihm gegenüberstehen, nach Sympathien und Antipathien zu empfinden, nicht bloß in uns den Trieb erwachen zu lassen, irgend etwas am Menschen zu lieben oder zu hassen, sondern ein liebe- und haßfreies Bild, wie der Mensch *ist*, in uns zu erwecken. Sie werden vielleicht nicht empfinden, daß das, was ich jetzt sage, etwas ungeheuer Wichtiges ist. Es ist etwas Wichtiges. Denn diese Fähigkeit, ohne Haß und Liebe ein Bild des anderen Menschen in sich gegenwärtig zu machen, den anderen Menschen seelisch in sich auferstehen zu lassen, das ist eine Eigenschaft, die (heute) mit jeder Woche in der

Entwicklung der Menschen, ich möchte sagen, mehr oder weniger dahinschwindet, das ist etwas, was die Menschen nach und nach ganz verlieren. Sie gehen aneinander vorbei, ohne daß der Trieb in ihnen erwacht, den anderen Menschen in sich auferwachen zu lassen. Das ist aber etwas, was bewußt gepflegt werden muß. Das ist etwas, was auch in die Kinder- und Schulpädagogik einziehen muß: Diese Fähigkeit, am Menschen das imaginative Vermögen zu entwickeln. Denn am Menschen können wir zunächst wirklich das imaginative Vermögen entwickeln, wenn wir uns nicht scheuen, statt dessen, was heute in den Sensationen des Lebens angestrebt wird, still in uns selbst jene Rückschau zu machen, die uns die vergangenen Beziehungen zu den Menschen vor die Seele stellt. Dann werden wir auch in die Lage kommen, imaginativ uns zu verhalten zu *den* Menschen, die in der Gegenwart uns gegenübertreten.»

Entsprechendes gilt auch für die andere der beiden Übungen, durch die wir lernen, uns selber objektiv gegenüberzustehen: «Also auf der einen Seite pflegen wir bewußt den sozialen Trieb, den sozialen Impuls, indem wir uns die Imaginationen für den Menschen der Gegenwart verschaffen dadurch, daß wir auf die Menschen, die in der Vergangenheit mit uns in Beziehung gewesen sind, hinsehen . . .; auf der anderen Seite gewinnen wir durch unsere Verobjektivierung die Möglichkeit, direkt die Imaginationen von uns selbst zu entwickeln. Diese Verobjektivierung in frühere Zeiten nützt uns, da sie nicht unbewußt in uns wirkt. Denken Sie nur: wenn unbewußt der zehnjährige Kerl oder die zehnjährige Kerlin in Ihnen weiterwirkt, so sind Sie, der Dreißigjährige oder Vierzigjährige, *vermehrt* um den Zehnjährigen; aber Sie sind auch vermehrt um den Elf-, Zwölfjährigen usw. Der Egoismus ist ungeheuer potenziert. Er wird immer geringer und geringer, wenn Sie das Frühere von sich absondern, wenn Sie es verobjektivieren, wenn es mehr Gegenstand wird.» (Alle Zitate aus GA 186, 12. 12. 1918.)

Alle diese Übungsaufgaben zusammenfassend, haben wir vom *Lernen des Lernens* gesprochen. Wer unter Lernen allerdings lediglich die Vergrößerung seines Wissenschatzes versteht, wird mit dieser Aufgabenstellung wenig anzufangen wissen. Das gilt insbesondere auch für die hier noch einmal vor Augen gestellte Aufgabe der sozialen Imagination. Nicht um eine Vergrößerung des eigenen Wissens, sondern um eine Vertiefung des eigenen Bewußtseins handelt es sich hierbei. Wie können die unser Bewußtsein konstituierenden Kräfte so verstärkt werden, daß sie nicht – wie im gewöhnlichen Gegenstandsbewußtsein – sich aus Gründen ihrer eigenen Kraftlosigkeit bloß an die Gegenstände um uns herum anpassen, sondern daß sie fähig werden, dieser Gegenstandswelt als ein selbständiger, für die in ihr wirksame Geistigkeit offener Partner gegenüberzutreten? Dieser Frage ist im Grunde genommen das ganze Lebenswerk Rudolf Steiners gewidmet. Und seine auf die soziale Frage bezüglichen Schriften und Vorträge sind ebenso ein Teil dieses Lebenswerkes, der lebendig aus dem Geiste des Ganzen hervorgeht, wie z. B. die auf Pädagogik, Medizin oder Landwirtschaft bezüglichen Teile. Wer sich wirklich mit dem Geist dieses Ganzen eingehend vertraut gemacht hat, bringt daher in gewisser Hinsicht die besten Voraussetzungen mit, auch intensiv zu ergreifen, was aus diesem Geiste als anthroposophischer Sozialimpuls erfließt.

Soziale Dreigliederung und Selbstverwirklichung

Man wird glauben, daß durch eine solche Anschauungsart die sozialen Ideen auf das Feld der «grauen Theorien» abgeschoben werden. Es darf vielleicht gesagt werden, daß man eine solche Meinung nur solange hat, als man das «Abschieben» von außen her ansieht. Da wird man allerdings als «grau» empfinden, was man undeutlich in der Ferne sieht. Und farbig wird man dagegen empfinden, was man aus der «nahen» Leidenschaft heraus gebiert. Aber man trete dem «Grauen» näher. Man wird finden, daß dann etwas der Leidenschaft Ähnliches sich regt.

Rudolf Steiner
(in GA 24, Die Wurzeln des sozialen Lebens)

Der beschriebene Weg stellt uns auf dreifache Weise handelnd in die soziale Welt. Diese jedoch ist kein unbesetztes Feld. Antisoziale Kräfte haben von ihr Besitz ergriffen. Und sie haben längst das Antlitz, das diese Welt uns zuwendet, bis zur Unkenntlichkeit entstellt. Oftmals grauenhafte Züge sind es, die uns aus ihr entgegenblicken. Zu Unrecht aber erscheinen sie uns fremd. Denn die Kräfte, die diese Züge hervorbringen, leben auch in uns selbst. Und wir leben von ihnen: Ihrer Eigenart verdankt jeder von uns, daß er mehr oder weniger gelernt hat, sich zu behaupten, ja, sich anderen gegenüber durchzusetzen. Vielfach ohne Rücksicht auf unsere Mitmenschen versuchen wir uns selbst zu verwirklichen. Wie oft steht in unserem Denken und Handeln der eigene Nutzen an erster Stelle; oder die eigene Macht, unseren Willen durchzudrücken; oder die eigene Ansicht, die wir anderen aufdrängen. Was wir um uns herum an Vorgängen einer gesellschaftlich betriebenen Gewinnmaximierung, Machtausübung und Fremdbestimmung gewahr werden, wirkt zwar dieser Art von Selbstverwirklichung oftmals entgegen, ja es schränkt sie zumeist empfindlich ein oder erstickt sie sogar in ihren allerersten Anfängen. Aber es ist im

Grunde genommen gleicher Wesensart mit jenen in uns auf Selbstverwirklichung hindrängenden Kräften. Das Bild, das die soziale Welt uns bietet, spiegelt in vielen seiner Züge nichts anderes als unsere eigene Antisozialität. Wir haben diese Welt zu einem Bilde gemacht, das uns gleich ist. (Siehe auch Anmerkung 23, Seite 176.)

Heute stehen wir vor der Aufgabe, dieses «Bild» durch das freiheitlich-korporative, das gleichheitlich-demokratische und das brüderlich-assoziative Element unseres sozialen Wollens umzuschaffen. Welches dieser drei Elemente eine konkrete gesellschaftliche Situation jeweils braucht, kann uns nur ein tatsächliches Erkennen dieser Situation sagen. Ein solches, das nicht Geistes-, Rechts- und Wirtschaftsleben nach überkommenen Denkgewohnheiten definiert, sondern das gesellschaftliche Leben im Lichte des charakterisierten sozialen Wollens betrachtet. In diesem Lichte zeigt sich uns als Wirtschaftsleben alles das, was auf brüderlich-assoziative Weise sozial sinnvoll gefördert werden kann; als Rechtsleben alles das, was auf gleichheitlich-demokratische Art sozial tragfähig geordnet werden kann; und als Geistesleben alles das, was auf freiheitlich-korporativem Wege sozial fruchtbar gestaltet werden kann: eben Bedarfsbefriedigung, Vereinbarung und Zusammenarbeit in jeglicher Form. Und in eben diesem Lichte werden wir uns auch der Intuitionen bewußt, die unserer sozialen Phantasie gegenüber der einzelnen und konkreten gesellschaftlichen Situation aufgehen und die wir durch unser Handeln dieser Situation einzuweben suchen. Und erst dieses Licht ist es auch, das uns dafür wach erhält, wie wir in diese Situation, ohne ihr etwas Wesensfremdes überzustülpen, fördernd eingreifen können.

Nach außen hin bedeutet das Gelingen einer solchen Handlung jedesmal einen Schritt in der Richtung auf eine echte – dreifache – Mitmenschlichkeit. Nach innen hin bringt jedoch bereits der Versuch, so zu handeln, häufig einen Konflikt mit sich: mit unseren eigenen Denk-, Empfindungs- und Handlungsgewohnheiten, mit unseren Neigungen und Abneigungen, mit unseren Ungeschicktheiten und Schwächen. Das ist unbequem, ja aufreibend. Und oft lehnen wir zunächst ab, erst mühsam nach einer Lösung dieses Konfliktes zu suchen. Wir weichen ihm aus. Die notwendige Folge davon aber ist, daß er sich nach außen hin in das Verhältnis zu unseren Mitmenschen verlagert. Sozialer Unfrieden entsteht. Denn die Denk-, Empfindungs- und Handlungsgewohnheiten, die Neigungen und Abneigungen usw., die in uns zu bekämpfen wir unterlassen haben oder die zu bewältigen uns jedenfalls nicht gelungen ist, erweisen sich im Verhältnis zu unseren Mitmenschen als antisozial. Und sie tragen in die soziale Welt hinein, was sich sonst verborgen in unserem eigenen Innern abspielen würde. Was wir heute als akute Gesellschaftskonflikte um uns herum beobachten, geht daher auf gesetzmäßige Weise aus den in uns selbst auftretenden Konflikten hervor, insofern wir es ablehnen, sie auch in uns selber zu lösen. Oder als reine Gesetzmäßigkeit ausgedrückt: *Je mehr es den einer gesellschaftlichen Gesamtheit angehörenden Menschen aus eigener Initiative gelingt, den innerhalb ihrer Persönlichkeit auftretenden Konflikt zwischen Sozialität und Antisozialität auch in ihrer eigenen Persönlichkeit zu lösen, um so mehr sozialer Friede wird in dieser Gesamtheit entstehen; je mehr sie dagegen diesem Konflikt in ihrer Persönlichkeit ausweichen, um so mehr soziale Konflikte wird es in der betreffenden gesellschaftlichen Gesamtheit geben.* Von den Ursachen der alleralltäglichsten Zwistigkeiten über die gegenwärtigen Jugendunruhen, Minderheitenprobleme, Tarifkonflikte usw. bis in die kriegerischen Auseinandersetzungen unseres Jahrhunderts hinein läßt sich diese Gesetzmäßigkeit verfolgen. Sie darf im Sinne dieses Entwurfes als das Hauptgesetz des sozialen Friedens bezeichnet werden.

Die Einsicht in die Notwendigkeit und Ausschließlichkeit dieses Zusammenhanges hat allerdings bisher lediglich dazu geführt, entweder diesen Konflikt erst gar nicht entstehen zu lassen oder ihn lediglich zu «kanalisieren». Und so wird es wohl auch in Zukunft nicht an – aus politischen, religiösen, weltanschaulichen usw. Überzeugungen genährten – Versuchen fehlen, solche Konflikte im Menscheninnern dadurch verhindern zu wollen, daß man den einzelnen Menschen bedingungslos an Gruppeninteressen anzupassen und das Zustandekommen eigener Urteile, Neigungen, Wünsche usw. so weit als nur irgend möglich zu unterdrücken sucht, wenn sie sich nicht innerhalb des jeweiligen Gruppeninteresses ausleben und befriedigen lassen. Wo sich dagegen dieser Weg z. B. aus Gründen der öffentlichen Meinung usw. verbietet oder sich eben ein Eigenleben der Menschen ohnedies nicht mehr verhindern läßt, wird es ebensowenig an Versuchen fehlen, dem einzelnen Menschen einen Bereich zuzuweisen, in dem er sich relativ unerheblich für das Ganze «ausleben» kann, während er in allen gesellschaftlich relevanten Angelegenheiten stramm in die gemeinte Anpassung eingespannt bleibt. Auch abgesehen von dem tief Menschenunwürdigen eines solchen Vorgehens: wirklicher Friede ist dadurch noch nie erreicht worden. Schon weil diejenigen, die andere so an das eigene Gruppeninteresse anpassen konnten, gerade sie im Konfliktfall stets als willige Werkzeuge mißbraucht haben.

Im Sinne des anthroposophischen Sozialimpulses wird das Wissen um diese Gesetzmäßigkeit dagegen erst praktisch, wenn wir uns deutlich machen, worin denn ihrem eigentlichen Wesen nach eine Lösung der innerhalb der eigenen Persönlichkeit auftretenden Konflikte zwischen Sozialität und Antisozialität besteht. Sollen sie auch innerhalb der eigenen Persönlichkeit gelöst werden, so sind wir darauf angewiesen, an uns selber zu arbeiten. Zuallererst handelt es sich darum, unsere Fixierung auf die eigenen antisozial sich auswirkenden Gewohnheiten, Neigungen, Wünsche usw. wenigstens so weit zu lockern, daß wir für eine immer längere Zeit des Zusammenseins mit anderen Menschen von ihnen loszukommen vermögen. Nicht um die Unterdrückung oder Verdrängung dieser Gewohnheiten, Neigungen usw. geht es also dabei, sondern zunächst allein um ihre zeitweise Zurückstellung. Wir werden dadurch für einige Zeit frei, uns anderen zuwendend jene dreifache Sozialität zu entfalten, von der hier die Rede war. Das ist ein realer Vorgang. Er hat nicht nur für den anderen Bedeutung, sondern auch für uns selbst. Denn dadurch, daß wir mit gesteigertem Interesse in das Dasein anderer Menschen eintauchen, tragen wir auch wiederum etwas in die eigene Seele zurück, was ohne diese Hingabe an andere nicht in ihr da wäre. Und dieses wirkt seiner Natur nach verwandelnd auf unsere eigenen Wünsche, Neigungen und Gewohnheiten. Während also der Umstand, daß wir uns für einige Zeit von diesen Gewohnheiten, Neigungen usw. gelöst hatten, selber noch keinerlei Veränderung in ihnen bewirkte, wird dies nun anders. Unser eigenes Seelenleben wird weiter und reicher als es vorher war. Und es gewinnt zugleich an derjenigen Beweglichkeit und Elastizität, die uns erlaubt, sich künftig schon ein wenig selbstverständlicher anderen Menschen zuwenden zu können. Der zur Rede stehende Konflikt hat dadurch bereits etwas von seiner Unlösbarkeit verloren. Und wir bemerken, daß wir auf diesem Wege nicht nur an einer friedendurchwobenen sozialen Welt arbeiten, sondern auch, daß wir für unser eigenes Werden auf diese Welt und ihre uns verwandelnden Kräfte angewiesen sind.

Auf diese Weise erhält das Streben nach Selbstverwirklichung eine vollständig neue Dimension. Denn wir werden uns hier eines Selbstes bewußt, das sich gerade dann entfaltet, wenn wir von uns selber – im Sinne der erwähnten persönlichen Gewohnheiten, Neigungen, Wünsche usw. – loskommen. Eines Selbstes, das sich in der Hingabe an die soziale Welt findet und nicht dadurch, daß es sich sucht. Diese, wenn die Formulierung erlaubt ist, «selbstlose Selbstigkeit» ist es vor allem anderen, wessen die Gegenwart und Zukunft der menschlichen Gesellschaft bedarf. Sie entsteht nicht durch ein Auslöschen unseres gewöhnlichen Selbstseins, sondern dadurch, das dieses sich, gerade im Ringen um eine echte Überwindung des oben charakterisierten Konfliktes, mehr und mehr einen neuen, seinem wahren Wesen angemessenen Inhalt gibt. Dazu bedarf es allerdings der schöpferischen Erfindungsgabe jener sozialen Phantasie, deren Ausbildung im Mittelpunkt des dritten Teils unserer Darlegungen stand. Aber gerade dadurch, daß wir selbst es sind, die sich diesen neuen, das eigene wie das Menschentum anderer Menschen immer tiefer würdigenden Inhalt geben, wird deutlich, daß es hier gerade nicht um eine Unterdrückung oder gar Auslöschung des menschlichen Selbstes, sondern um seine Entwicklung und Vervollkommnung geht. (Siehe dazu Anmerkung 24, Seite 178.)

Was in der sozialen Welt ein Bild unserer eigenen Antisozialität ist, können wir nur umschaffen, wenn wir uns selber umschaffen. Aber zugleich sind wir für unsere eigene Vervollkommnung im Grunde genommen darauf angewiesen, an diesem Bilde zu arbeiten. Denn allein dadurch, daß wir uns dem – allerdings zunächst durch die vorhandene Antisozialität für uns verstellten – Reichtum der sozialen Welt, ihrer menschlichen Mannigfaltigkeit öffnen, erlangen wir auch die Kräfte, die uns in unserem eigenen Menschsein weiterbringen. Daraus ergibt sich, daß das Werden der Welt nicht von unserem eigenen Werden, das eigene Werden nicht von dem Werden der Welt getrennt gesehen werden darf, sondern beide im Innersten miteinander verwoben sind – wenn wir dieses Werden in unseren Willen aufnehmen. An dieser Stelle geht aber auch das «Lernen vom Leben» in das «Leben» selber über. Den Ausblick, der sich von dieser Stelle auf die soziale Dreigliederung ergibt, kennzeichnet Rudolf Steiner in einer Fragenbeantwortung am 26. 10. 1919 (vgl. GA 328) daher mit den Worten: *Denn die Idee von der Dreigliederung des sozialen Organismus ist nicht nur ein Ziel, sondern sie ist selbst ein Weg*. Ihn als einen Weg des menschlichen und menschheitlichen Werdens sichtbar zu machen, wurde in den voranstehenden Ausführungen versucht.

ANMERKUNGEN
LITERATUR

Anmerkungen

1 (zu Seite 12)

Das Wort «Anthroposophie» wollte Rudolf Steiner nicht als «Wissen» oder «Weisheit» vom Menschen verstanden sehen, sondern als *Bewußtsein des (eigenen) Menschseins* oder *Menschentums*. Denn nirgends geht es bei ihr einfach um ein theoretisches Wissen von – beispielsweise – der leiblichen, seelischen und geistigen Natur des Menschen, sondern um die jeweils konkrete Anwendung dieses Wissens zu einem sich erweiternden und vertiefenden Bewußtsein des eigenen leiblich-seelisch-geistigen Wesens. Es geht also um Bewußtseins*bildung*. Nun ist es für eine unbefangene Weltauffassung zwar gar nicht so schwer, durch probeweise Anwendung der geisteswissenschaftlichen Forschungsergebnisse diese sachlich in Erwägung zu ziehen. Allein auf sozialem Felde ist es besonders schwierig, sich die dazu nötige Unbefangenheit anzueignen. Gesellschaftliche Urteile haben ausgesprochen die Eigentümlichkeit, unser Denken und Fühlen und schließlich auch unser Wollen gewohnheitsmäßig festzulegen. Solche Urteile bzw. Fragen, denen entsprechende Urteilsgewohnheiten zugrunde liegen, sind etwa:

- «Schuld an allem sind die Kapitalisten (die Kommunisten, usw.)»
- «Begreift das Vorgeschlagene auch jeder?»
- «Wie aber das je durchsetzen?»
- «Das will ja doch keiner»
- «Der einzelne hat heute keine Bedeutung mehr»
- «Und wenn es nicht funktioniert?»
- «Hauptsache, alle haben Arbeit (das Geld reicht, usw.)».

Durch solche Urteile aber sind wir im Grunde genommen – ohne daß wir dies allerdings so recht bemerken – bereits dabei, uns *als Menschen* auszuschalten. Wir begreifen uns in ihnen bloß noch als ein beliebig auswechselbares Rädchen einer alles umfassenden Maschinerie. Das Bild des gesellschaftlichen Lebens, auf das die soziale Dreigliederung hinarbeitet, stellt uns hingegen gerade als Menschen in dieses Leben hinein. Das aber kann es nur leisten, wenn es zunächst ebenfalls geduldig dazu verwendet wird, ein neues Bewußtsein des Menschseins zu entwickeln.

2 (zu Seite 13)

Am Ende seines Aufrufes «An das deutsche Volk und an die Kulturwelt» – unmittelbar nach dem Ersten Weltkrieg – sagt Rudolf Steiner: «Man hört im Geiste die Praktiker, welche über die Kompliziertheit des hier Gesagten sich ergehen, die unbequem finden, über das Zusammenwirken dreier Körperschaften auch nur zu denken, weil sie nichts von den wirklichen Forderungen des Lebens wissen mögen, sondern alles nach den bequemen Forderungen *ihres* Denkens gestalten wollen. Ihnen muß klarwerden: entweder wird man sich bequemen, mit seinem Denken den Anforderungen der Wirklichkeit sich zu fügen, oder man wird vom Unglücke nichts gelernt haben, sondern das herbeigeführte durch weiterentstehendes ins Unbegrenzte vermehren» (vgl. GA 23, Anhang). Daß man von dem damals herbeigeführten Unglück nichts gelernt, sondern es seither durch weiterentstehendes ins Unbegrenzte vermehrt hat, dürfte spätestens durch die Katastrophe des Zweiten Weltkrieges und seine tiefgreifenden Folgen für jederman sichtbar sein, der guten Willens ist zu sehen.

Auch Stefan Leber begreift die Idee der Dreigliederung als ein Organon solchen Lernens, wenn er u. a. sagt: «Das Ideengefüge der Dreigliederung stellt einen völlig *neuen Typus der Sozialordnung* dar . . . Die Dreigliederung ist ein *evolutiver Ansatz*, er fordert besondere Qualitäten: nun nicht mehr bloß von den Herrschenden, sondern auch von der Bevölkerung ganz allgemein. Wenn im platonischen Staat der König als Herrscher Philosoph sein sollte, so reichte als Führungsqualität des Prinzipe bei Macchiavelli schon schlitzohrige Verschlagenheit und die Beherrschung raffinierter Tricks aus, um die Macht zu erhalten. In dieser Kette mögen die

Anforderungen dann am geringsten sein, wenn die Herrschaft auf Konsensbildung (Abstimmung) der Mehrheit beruht. Für die Dreigliederungsidee gilt nun, daß sie sich nur dann entfalten wird, wenn sie durch Einsicht von der Bevölkerung mehrheitlich getragen wird. Keine Kadergruppe, keine irgendwie geartete ‹Avantgarde› kann hier stellvertretend für den Mehrheitswillen handeln. Denn wie sollte eine gegliederte Sozialordnung funktionieren, deren erklärtes Ziel es ist, die einzelmenschlichen Willen in den verschiedenen Funktionskreisen der Gesellschaft zur Initiative aufzurufen, wenn sie von den Willensintentionen dieses doch großen Teiles der Bevölkerung nicht aktiv gewollt und getragen würde?» (Stefan Leber 1978, Ergebnisse und Ausblick.)

3 (zu Seite 23)

Ob sich jemand die Ideale für sein Handeln selber bildet oder ob er sie sich lieber von anderen überliefern läßt: das ist gewiß eine Frage, die letzten Endes das Herz entscheiden muß. Mag sein, daß es auch innerhalb der Bestrebungen um eine dreigliedrige Gestaltung der menschlichen Gesellschaft Menschen gibt, die keineswegs abwarten wollen, bis andere sich ein Ideal ihres sozialen Handelns gebildet haben. Menschen, die andere zu einem sozialen Handeln bestimmen wollen, indem sie ihnen ein Ideal gebrauchsfertig zu überliefern trachten. Für den hier gemeinten Entwurf zum anthroposophischen Sozialimpuls kommt ein solcher Versuch nicht in Betracht. Vielmehr handelt es sich darum, die Entscheidung, wie der einzelne es damit halten will, nicht vorwegzunehmen. Denn «anthroposophisch» kann dieser Sozialimpuls in vollem Sinne erst dann genannt werden, wenn er auf Grund eigener Erkenntnis, das aber heißt zugleich: wenn er so zustande kommt, daß der einzelne Mensch selber das im Erkenntnisvorgang Eingesehene zum Motiv seines Handelns erhebt. Für diesen Impuls gilt, was Rudolf Steiner schon 1894 in seiner Schrift «Die Philosophie der Freiheit» für alles menschliche Handeln – nicht allein das soziale – ausspricht: «Der freie Geist handelt nach seinen Impulsen, das sind Intuitionen, die aus dem Ganzen seiner Ideenwelt durch das Denken ausgewählt sind. Für den unfreien Geist liegt der Grund, warum er aus seiner Ideenwelt eine bestimmte Intuition aussondert, um sie einer Handlung zugrunde zu legen, in der ihm gegebenen Wahrnehmungswelt, das heißt in seinen bisherigen Erlebnissen. Er erinnert sich, bevor er zu einem Entschluß kommt, daran, was jemand in einem dem seinigen analogen Falle getan oder zu tun für gut geheißen hat, oder was Gott für diesen Fall befohlen hat usw., und danach handelt er. Dem freien Geist sind diese Vorbedingungen nicht einzige Antriebe des Handelns. Er faßt einen schlechthin ersten Entschluß. Es kümmert ihn dabei ebensowenig, was andere in diesem Falle getan, noch was sie dafür befohlen haben. Er hat rein ideelle Gründe, die ihn bewegen, aus der Summe seiner Begriffe gerade einen bestimmten herauszuheben und ihn in Handlung umzusetzen» (GA 4, 12. Kapitel). Der vorliegende Entwurf kann daher allein die Aufgabe übernehmen, an der für die Ausbildung solcher Impulse notwendigen Erkenntnisgrundlage mitzuwirken; die Ausbildung dieser Impulse selbst muß er – wenn er nicht sein eigenes Anliegen mißverstehen will – dem einzelnen überlassen.

4 (zu Seite 29)

In seinem Beitrag zu dem Sammelband «Sozial handeln – aus der Erkenntnis des sozial Ganzen. Soziale Dreigliederung heute» hat Martin Barkhoff das Interesse am anderen Menschen um dieses anderen selbst willen mit dem schönen Wort «Geschwisterlichkeit» bezeichnet. Er sagt: «Und nun hat Rudolf Steiner weiter angeregt, die Wirksamkeit eines Urbildes zu beachten, dessen elementare Integrationskraft fast Tag für Tag wächst. Überall, wo neben dem Zerfall oder der notdürftigen Restaurierung alter Sozialformen überhaupt frische Impule in der Sozialgestaltung sich geltend machen, entstehen sie aus dem Interesse am anderen Menschen. Da, wo man Interesse am Gegenüber hat, unabhängig davon, ob er sympathisch oder antipathisch ist; ja, nicht nur das, sondern auch ganz unabhängig davon, ob er gut oder böse ist: wo Interesse an jeglichen Formen des Menschseins vorhanden ist, werden neue und tragfähige Brücken zwischen Mensch und Mensch gebaut. So beginnt die Wirksamkeit des Urbildes der ‹Gemeinschaft aus Verstehen-Wollen›.» (Vgl. Reinhard Giese 1980; Alternativszene und Dreigliederung. Dorf und City.)

Aber Martin Barkhoff macht auch deutlich, daß diese Geschwisterlichkeit zunächst noch ein Vorgriff auf eine Gesellschaft der Zukunft ist, der solange nicht von Dauer sein kann, als der Mensch nicht durch die vollständige Emanzipation hindurchgegangen und gegenüber allen bisherigen gesellschaftlichen Traditionen zu sich selber gekommen ist. Im Sinne des vorliegenden Entwurfes sind Brüderlichkeit, Gleichheit und Freiheit als drei Formen dieser Geschwisterlichkeit anzusehen, da es auch bei dem Streben nach Freiheit hier um die des anderen Menschen und nicht etwa im Sinne einer Emanzipation um die eigene geht. Letzte ist gerade kein soziales, sondern ein durch und durch individuelles Phänomen: eben die eigentliche Erfüllung jedes emanzipatorischen Strebens. Sie bedeutet selber noch nicht einen *sozialen* Fortschritt, ist aber die notwendige Voraussetzung zu jeglichem aus der Erkenntnis des sozial Ganzen herausgeborenen sozialen Handeln. (Vgl. dazu GA 4.)

5 (zu Seite 29)

«Der Grundnerv alles sozialen Lebens ist das Interesse von Mensch zu Mensch», sagt Rudolf Steiner in seinem Vortrag «Soziale und antisoziale Triebe im Menschen» (GA 186, 12. 12. 1918). Damit aber wird doch, so mag mancher Zeitgenosse einwenden, etwas in die Betrachtung des gesellschaftlichen Lebens eingeführt, was seine Berechtigung bestenfalls innerhalb der Privatsphäre des einzelnen hat. Wie wenig dieser Einwand zutrifft, sollte allerdings aus dem bisher Gesagten bereits deutlich geworden sein. Aber er liegt selbstverständlich in der Richtung der Denk- und Urteilsgewohnheiten, die es heute so schwer machen, unbefangen gewahrzuwerden, daß *neben* der durch die heutige Zivilisation begünstigten Ausbreitung eines Desinteresses am anderen Menschen noch etwas ganz anderes vorgeht. Und daß dieses andere den Anfang einer gesellschaftlichen Neuentwicklung in sich enthält.

Geschichtlich gesehen stellt eine solche Situation keine Ausnahme dar. Unsere gegenwärtigen gesellschaftlichen Zustände – aber auch unsere gesellschaftlichen Mißstände und Notstände – sind beispielsweise vielfältig mit der Tatsache verknüpft, daß die gegenwärtige Zivilisation eine technikbestimmte ist. Wer aber vor der Erfindung der Dampfmaschine bei dem ja schon seit Jahrhunderten für jede Hausfrau gewohnten Anblick eines im Dampfdruck sich bewegenden Kochtopfdeckels behauptet hätte, daß diese Kraft der Menschheit einmal den Einstieg in ein neues Zeitalter, eben das der Technik, ermöglichen werde, wäre ganz sicher auf erheblichen Unglauben gestoßen. Und doch ist es so gekommen, daß ein in diesem Sinne ganz alltäglicher, aber eben in seinem eigentlichen Wesen und damit in seinen Zukunftsmöglichkeiten noch unbeachtet sich im «privaten» Bereich eines jeden Haushaltes vollziehender Vorgang in kurzer Zeit eine weltumspannende Bedeutung bekommen hat. Eine ganz ähnliche Befangenheit liegt vor, wenn wir jenes Interesse am anderen Menschen um seiner selbst willen, falls wir die Möglichkeit eines solchen überhaupt zuzugeben bereit sind, ganz in den privaten Bereich verwiesen wissen wollen, obwohl in einer Zeit, in der beispielsweise junge Menschen in Europa schon lange für Biafra oder Peru Geld gesammelt oder zugunsten des vietnamesischen oder persischen Volkes demonstriert haben, dieses Interesse bereits begonnen hat, seine weltumspannende Bedeutung darzutun. Gewiß, bis heute hat ein solches Interesse noch wenig in der Welt bewirken können, wenn man dies an der Größe und Vielfalt der vorliegenden Aufgaben bemißt. Nicht aber, weil dies an sich nicht möglich wäre, sondern allein deswegen, weil es bisher einen seiner Eigenart angemessenen Weg in die menschliche Gesellschaft nicht zu finden und dadurch die in ihm liegende soziale Keimkraft nicht zu entfalten vermochte. Einen solchen Weg sichtbar zu machen, muß daher die Aufgabe des vorliegenden Entwurfes sein.

6 (zu Seite 37)

Obwohl Wilhelm Schmundt rätselhafter Weise die Anwendung des sozialen Hauptgesetzes auf die finanziellen Erträgnisse der eigenen

Leistung ablehnt – oder ihr mindestens reserviert gegenübersteht – und sie allein auf die in arbeitsteiliger Produktion hervorgebrachten Waren und Dienstleistungen bezogen wissen will, findet sich im Mittelpunkt schon des ersten, bereits 1950 veröffentlichten Vorläufers seiner «Elementarlehre» des sozialen Organismus eines der durchgreifendsten Beispiele für eine solche Anwendung (vgl. Wilhelm Schmundt 1982). Es besteht in der Funktion der sogenannten «Kreditbanken». Diese haben die Aufgabe, den als Verkaufserlös bisher in den einzelnen Unternehmen ankommenden Geldstrom gemäß der jeweiligen Situation des sozialen Ganzen unmittelbar in an Unternehmen auszugebende Kredite umzuwandeln, so daß kein Unternehmen seine Weiterarbeit aus dem Erlös verkaufter Produkte, sondern nur aufgrund solcher Kredite finanzieren kann. Das scheint für unsere gegenwärtigen Denkgewohnheiten eine geradezu skurrile Maßnahme zu sein. In Wirklichkeit jedoch geschieht – solange man die Aufmerksamkeit rein auf den Geldstrom richtet – etwas Ähnliches fortwährend. Denn seiner Natur nach entspricht Geld immer erst beim Ausgeben, nicht aber schon beim Einnehmen einem wirtschaftlichen Wert, und zwar nicht nur innerhalb des von Schmundt skizzierten Banksystems, sondern überall. Folgerichtig muß der zurückfließende Geldstrom als «wert-los» betrachtet werden. Er erhält seinen Wert erst wieder durch die erneute Vergabe, wobei dieser sogar außerordentlich stark davon abhängt, ob das Geld sinnvoll oder unsinnig ausgegeben wird. Anders als bei der heute angestrebten Selbstfinanzierung soll diese bei Schmundt deshalb durch Banken gemäß den jeweils vorliegenden volks- bzw. weltwirtschaftlichen Notwendigkeiten erfolgen. – Eine solche Gestaltung des Geldumlaufes setzt ebenfalls jene Verwandlung des Selbstversorgerdenkens in ein Fremdversorgerdenken voraus, von der hier anhand des sozialen Hauptgesetzes die Rede ist. Es setzt allerdings auch voraus, daß in den Begriff der durch Geld vermittelten Bedarfsbefriedigung nicht allein die persönliche Lebenshaltung, sondern auch derjenige Bedarf miteinbezogen wird, der dadurch entsteht, daß sich Menschen tätig mit dem Bedarf anderer und seiner Befriedigung identifizieren: also der Bedarf an Werkzeugen, Maschinen, Fertigungshallen usw. – oder eben an Kapital, diese zu beschaffen.

7 (zu Seite 37)

Wer in dem sozialen Hauptgesetz selbst das zu verwirklichende Ideal seines Wollens und Handelns sieht, wird eine solche Auseinandersetzung, wie sie hier angestrebt wird, vielleicht für überflüssig halten. Zu Unrecht. Denn das Verwirklichen eines Ideals setzt nicht nur ein Bild dessen voraus, *was* durch das eigene Handeln entstehen soll, sondern auch eines, *wie* dies geschehen kann. Hier gilt, was Rudolf Steiner über das Handeln aus Erkenntnis überhaupt sagt: «Die moralische Phantasie muß, um ihre Vorstellung zu verwirklichen, in ein bestimmtes Gebiet der Wahrnehmung eingreifen. Die Handlung des Menschen schafft keine Wahrnehmungen, sondern sie prägt die Wahrnehmungen, die bereits vorhanden sind, um, erteilt ihnen eine neue Gestalt. Um ein bestimmtes Wahrnehmungsobjekt oder eine Summe von solchen, einer moralischen Vorstellung gemäß umbilden zu können, muß man den gesetzmäßigen Inhalt (die bisherige Wirkungsweise, die man neu gestalten oder der man eine neue Richtung geben will) dieses Wahrnehmungsbildes begriffen haben.» Und eben das Begreifen dieses gesetzmäßigen Inhaltes des bereits bestehenden Wahrnehmungsbildes – hier der sozialen Welt – vermitteln die angeführten Gesetze. So muß auch das soziale Hauptgesetz verstanden werden. Wer es allein als Ideal in sich bewegt, kommt allzuleicht in die Versuchung, seine Handlungen der wahrgenommenen sozialen Welt aufzudrängen, ihr seine «Lösung» sozialer Probleme überzustülpen. Wer dieses Gesetz dagegen auch anwendet, um die vorhandene Welt zu *erkennen*, findet in ihr auch den Punkt, an dem sein von einem selbstgebildeten Ideal befeuertes Handeln anzusetzen vermag, ohne daß die Gefahr entsteht, diese Welt überwältigen zu wollen. «Das moralische Handeln», so fährt Rudolf Steiner in dem angeführten Zusammenhang fort, «setzt also voraus neben dem moralischen Ideenvermögen und der moralischen Phantasie die Fähigkeit, die Welt der Wahrnehmungen umzuformen, ohne ihren naturgesetzlichen Zusammenhang zu durchbrechen. Diese Fähigkeit ist *moralische Technik*. Sie ist in dem Sinne lernbar, wie Wissenschaft überhaupt lernbar ist» (GA 4, 12. Kapitel). – Aus dem Gesagten geht hervor, daß sich das soziale Hauptgesetz überhaupt nicht «verwirklichen», sondern nur – erkennend wie handelnd – «anwenden» läßt. Verwirklichen läßt sich nur, was noch nicht in den Bereich der Wirklichkeit eingetreten ist. Das aber ist hier nicht der Fall. Es gibt im Gegenteil keinen Teil der gesellschaftlichen Wirklichkeit, in dem diese Gesetzmäßigkeit, wie dargetan wurde, nicht bereits wirksam ist. Dagegen kann man sich allerdings das Ideal bilden, die *Richtung* ihrer Wirksamkeit zu verändern oder zu verstärken. So kann man sich beispielsweise das Ideal bilden, diese Richtung im Sinne einer Hebung des gemeinsamen Wohls umzuformen; wie man demgegenüber sich auch das Ideal bilden kann, diese Richtung im Sinne eines auf Kosten des Gemeinwohl erstrebten Eigenwohls zu verändern. Das eine geschieht durch ein – vielfältiges – «Abgeben» der eigenen Erträgnisse; das andere durch ein Zurückhalten dieser Erträgnisse, wie das z. B. bei Streikmaßnahmen der Fall ist.

8 (zu Seite 42)

Der Umstand, daß wir bei Anwendung dieser Gesetze die Bedingungen des sozialen Fortschrittes nicht einfach der Natur entnehmen können, sondern sie als Streben nach Brüderlichkeit, Gleichheit und Freiheit erst selber hervorbringen müssen, ändert selbstverständlich nichts daran, daß dieser Fortschritt – wie bei einem Naturgesetz die entsprechende Naturerscheinung – ausschließlich auf diese Weise, d. h. auf keinem anderen Wege zu erreichen ist. Aber diese Eigenart der Bedingungen macht doch sichtbar, daß wir es hier mit einem vollständig anderen Gebiet des Daseins als mit dem der Natur zu tun haben. Letzteres werden wir gewahr, indem wir studieren, was sich als mineralische, als pflanzliche usw. Welt um uns herum ausbreitet. Um sie zu erforschen, müssen wir uns den Gegenständen der Natur mit beobachtender Distanz gegenüberstellen. Alle Naturgesetze werden durch solche beobachtende Gegenüberstellung verifiziert. Anders verhält es sich mit den Gesetzen der Gesellschaftswissenschaft. Sogar als bloßer Betrachter sind wir in das gesellschaftliche Dasein eingewoben. Wir verfälschen von vornherein den Gegenstand unserer Beobachtung – die zu betrachtende gesellschaftliche Situation – wenn wir so tun, als ob dies nicht der Fall wäre. Schon wenn wir dem einzelnen Menschen begegnen, sind wir dadurch in dessen Dasein ebenso verwoben wie er in das unsrige. Natürlich können wir uns für diesen Tatbestand blind machen und das Verhältnis, das wir zu einem bloßen Naturgegenstand haben, auf den anderen Menschen übertragen. Wir können ihn als bloßen «Fall» betrachten. Mit einem wirklichen Erkennen des Menschen und seines gesellschaftlichen Daseins aber hat dergleichen nichts zu tun. Die von dieser Erkenntnis zu beschreibenden Beobachtungen und zu entdeckenden Gesetze können vielmehr nur solche sein, welche die angedeutete Verwobenheit ausdrücklich zum Inhalt haben. Auf sie macht Rudolf Steiner z. B. in seinem Nationalökonomischen Kurs aufmerksam, wenn er sagt: «Gewiß, in der Naturwissenschaft werden auch Prozesse durchdacht, aber so, wie wenn sie von außen angeschaut werden. Das hilft aber nichts . . . Was die volkswirtschaftlichen Prozesse auszeichnet, ist, daß wir in ihnen drinnenstehen. Wir müssen sie also von innen anschauen. Wir müssen uns in den volkswirtschaftlichen Prozessen so erfühlen, wie etwa ein Wesen, das, sagen wir, in einer Retorte wäre. (Angenommen) hier wird etwas gebraut unter Wärmeentwicklung. Dieses Wesen, das da in der Retorte wäre, das kann nicht der Chemiker sein, dieses Wesen, das ich vergleichen will mit uns, sondern das müßte ein Wesen sein, das die Wärme mitmacht, selber mitsiedet. Der Chemiker kann das nicht, dem Chemiker ist das ein Äußerliches. In der Naturwissenschaft stehen wir außer den Prozessen . . . Den volkswirtschaftlichen Prozeß machen wir überall innerlich mit, müssen ihn auch innerlich verstehen (GA 340, 27. 7. 1922). Was Rudolf Steiner hier für den volkswirtschaftlichen Prozeß sagt, gilt jedoch ohne Ausnahme für alle Prozesse des gesellschaftlichen Lebens.

9 (zu Seite 44)

Die hier getroffene Unterscheidung zwischen der aufbauenden Wirkung des Interesses an sich selbst innerhalb des eigenen Persönlichkeitsbereiches und der abbauenden Wirkung außerhalb dieses Bereiches ist eine unbedingte Notwendigkeit für die hier anzuregende Erkenntnis des sozialen Lebens. Solange beispielsweise ein Taxifahrer seine Kundschaft an das gewünschte Ziel fährt, paßt er sich vollständig dem Bedarf seiner Kunden an und läßt dabei ganz unberücksichtigt, wohin er zur Befriedigung seiner eigenen Bedürfnisse fahren würde. Wenn er dann nach Dienstschluß einem eigenen Bedürfnis folgend nach Hause fährt, so ist das selbstverständlich nicht ein gegen das Wohl seiner Kunden gerichtetes Verhalten, sondern lediglich ein gegenüber diesen neutral bleibendes. Ein wirklich gegen dieses Wohl gerichtetes Verhalten läge erst dann vor, wenn er während der Dienstzeit etwa versuchen würde, die Ortsunkundigkeit eines Kunden für sich auszunutzen, indem er von mehreren zum Zielort führenden Straßenverbindungen die aufwendigste wählt, um hinterher mehr kassieren zu können, – oder auf andere Weise danach streben würde, die Abhängigkeit seiner Kundschaft zum eigenen Vorteil auszunutzen. (Diese Möglichkeit kann selbstverständlich auch von moralischen Gesichtspunkten aus betrachtet werden. Das aber ist hier nicht gemeint. Auch müßte man unter anderem dazu erst wissen, ob der Taxifahrer zu einem solchen Verhalten einfach dadurch gezwungen ist, daß er ständig unterbezahlt wird, usw. Hier geht es allein um die Beschreibung der sozialen Dimension eines solchen Vorganges.)

An der Betrachtung eines solchen einfachen Beispiels kann deutlich werden, daß die beiden hier zur Rede stehenden Arten von Interesse – das an anderen und das an sich selber – unterschiedlich zueinander stehen können. Sie können miteinander abwechseln wie der Ausschlag eines Pendels in der einen und in der entgegengesetzten Richtung. Dann stören sie einander nicht, sondern ergänzen sich. Oder sie können in Widerstreit miteinander geraten. Dann verzerrt die auf das eigene Wohl bedachte Verhaltensrichtung die dem Wohl des Kunden dienende Leistung und verkrüppelt sie.

10 (zu Seite 49)

Demgemäß zeigt die heutige Gesellschaft fast überall das Bild eines aus Bestandteilen der Bedarfsbefriedigung, der Vereinbarung und der Zusammenarbeit undifferenziert zusammengesetzten Konglomerates, wobei das «Bindemittel» letztlich aus einer einheitlichen Organisationsform, der durch Fremdbestimmung entstehenden Weisungshierarchie, besteht. Ein Beispiel für diese Hierarchie ist die Bürokratie. «Ein voll entwickelter bürokratischer Mechanismus verhält sich . . . genau wie eine Maschine zu den nicht mechanischen Arten der Gütererzeugung. Präzision, Schnelligkeit, Eindeutigkeit, Aktenkundigkeit, Diskretion, Einheitlichkeit, straffe Unterordnung . . . sind bei streng bürokratischer Verwaltung . . . auf das Optimum gesteigert», sagt Max Weber mit Recht und fügt an späterer Stelle hinzu: «Voll durchgeführt, gehört die Bürokratie zu den am schwersten zu zertrümmernden sozialen Gebilden, da ist eine praktisch so gut wie unzerbrechliche Form der Herrschaftsbeziehungen geschaffen. Der einzelne Beamte kann sich dem Apparat, in den er eingespannt ist, nicht entwinden» (Max Weber: Wirtschaft und Gesellschaft, Köln/Berlin 1964; zitiert nach Stefan Leber 1978, S. 130). Nur, daß diese heute überall selbstverständliche Weisungshierarchie einmal mehr durch den Kapitalbesitz eingesetzt bzw. beeinflußt wird («Wer das Geld hat, hat das Sagen»), wie das in den westlichen Demokratien vorzugsweise der Fall ist, und einmal mehr durch die Macht des Staatsapparates eingesetzt und gesteuert wird («Wer die Macht hat, hat das Sagen»), wie das in den staatssozialistischen Ländern des Ostens üblich ist. Die vorhandenen Weisungsabhängigkeiten haben sich also im ersteren Falle nach den auf Gewinnmaximierung ausgerichteten Kapitalorganisationen, im letzteren mehr nach den auf Machtausübung ausgerichteten staatlichen Strukturen zu richten. In beiden Fällen glaubt man heute jedoch, diesen oder jenen auftretenden Mißstand einfach dadurch verbessern oder gar beseitigen zu können, daß man die in diese Weisungsabhängigkeit eingespannten Menschen im Bedarfsfalle ablöst und auswechselt. Nun kann eine solche Maßnahme gewiß in diesem Zusammenhang nötig werden. Im Sinne der hier gemeinten sozialen Dreigliederung aber kommt es nicht darauf an, die Menschen, sondern die Arbeitsweise zu wechseln. Denn solange die letztere auf eine möglichst erfolgreiche Gewinnmaximierung, Machtentfaltung und Fremdbestimmung hinausläuft, wird sie – unbeschadet persönlicher Qualitäten der einzustellenden Bewerber – durch sich selbst stets für eine Auswahl der in ihrem Sinne «Besten», das aber heißt zugleich: für eine im Sinne eines echten sozialen Wachstums «Schlechtesten» sorgen (Sozialdarwinismus).

11 (zu Seite 63)

In einer Skizze der Assoziationen sagt Hans Georg Schweppenhäuser «Wie in einer einzelnen Fabrik die Teilvorgänge der Produktion sich abteilungsweise gliedern, wie die eine Abteilung entweder ihre Arbeitsergebnisse an die nächste weiter-«liefert», für welche wieder andere Abteilungen (oder andere Fabriken) die Zwischenprodukte oder Materialien geliefert haben, so ist es in der Gesamtwirtschaft in Wirklichkeit auch da, wo heute zwischen den einzelnen Fabriken ein scharfer Trennungsstrich durch die anderen Eigentümer gezogen ist» (vgl. seinen Beitrag «Neue Wirtschaftsordnung» in Stefan Leber 1977). Inwiefern ist, so muß im Sinne des vorliegenden Entwurfes gefragt werden, ein solcher Trennungsstrich sozial sinnvoll und inwiefern ist er es nicht? Sinnvoll ist er durchaus, insofern er die für den Produktionsvorgang notwendige Verantwortlichkeit der sich gegenseitig beliefernden Unternehmer betrifft. Und eben das gilt für die in den einzelnen Abteilungen einer Fabrik tätigen Belegschaften bzw. für deren Arbeitsleiter auch: sie sind für das jeweils hergestellte Teilprodukt voll verantwortlich. Sozial widersinnig ist ein solcher Trennungsstrich insofern, als er zu einem untereinander um finanziellen Gewinn konkurrierenden Verhalten mit allen seinen auch für die gekennzeichnete Verantwortlichkeit ruinösen Folgen führt. Assoziative Gestaltung läßt sich nun dadurch charakterisieren, daß der gemeinte Trennungsstrich in ersterer Hinsicht voll erhalten bleibt, in letzterer aber – eben wie bei den Abteilungen einer einzelnen Fabrik – wegfällt. Denn wie es auch heute innerhalb eines Unternehmens selbstverständlich ist, daß die verschiedenen Abteilungen sich wirtschaftlich gegenseitig tragen, so kommt es darauf an, künftig auch Unternehmen verschiedenartiger Branchen in finanzieller Hinsicht miteinander zu verbinden.

12 (zu Seite 75)

Hoffnungsvolle Ansätze in dieser Richtung bieten u. a. die anthroposophisch orientierten Bankinstitute in Bochum: die Gemeinnützige Treuhandstelle e. V. (seit 1961), die Gemeinnützige Kredit-Garantiegenossenschaft e. G. (seit 1967) und die GLS-Gemeinschaftsbank für Leihen und Schenken e. G. (seit 1974). Sie arbeiten nach dem Selbstkostenprinzip und sind dadurch in der Lage, ihre Kredite soweit zum Inhalt einer kostenfreien bzw. kostengünstigen Vertragsgestaltung zu machen, wie sie in demselben Sinne Einlagen erhalten. Selbstverständlich kann es sich unter den heutigen Verhältnissen nur um ein Mehr oder Weniger nach dieser Richtung handeln. Das gilt nicht nur für die auf die Kreditnehmer anteilig umgelegten Kosten, die verständlicherweise um so höher sein müssen, je weniger die Einleger von sich aus auf Zinsen verzichten; sondern z. B. auch in bezug darauf, ob ein Kredit durch Festlegung von Mindestreserven banktechnisch abgesichert werden muß oder, durch die Bank lediglich als reine Dienstleistung vermittelt, dem Kreditnehmer als Direktkredit zur Verfügung gestellt wird. Und das gilt ebenfalls, wenn es sich dabei – wie das in nicht unbeträchtlichem Umfange der Fall ist – um Schenkungen handelt. So ist es selbstverständlich ein Unterschied, ob diese als sogenannte «bedingte» Schenkungen mit dem Recht gegeben werden, in Notfällen einen Teil oder die ganze Summe zurückzuerhalten, oder ob sie der Arbeit der Banken vollständig zur Verfügung stehen, wobei wiederum zu unterscheiden ist, ob solche Schenkungen mit der Auflage gegeben werden, nur ganz bestimmte Aufgaben damit zu fördern oder ob sie frei von irgendwelchen Auflagen an die von den Banken zu fördernden Aktivitäten weitergegeben werden können. (Vgl. dazu auch Wilhelm Ernst Barkhoff 1973; Rolf Kerler 1973.) – Auf diesem Wege können die Einleger dafür sorgen, daß ihr Geld nicht den Aufbau und die Arbeit von Unternehmen fördert, die sie selber sozial für sinnlos oder gar für zerstörerisch halten, wie – um an aktuelle Sorgen anzuknüpfen – etwa auf dem Kernenergiesektor, der atomaren, bakteriologischen oder auch «nur» chemischen Massenvernichtungsmittel oder der Kunstdüngerindustrie usw. Und eben darum, daß solche Wege beschritten werden, handelt es sich in der Gegenwart. Denn was für einen Sinn soll das demokratisch verbriefte Recht haben, sich z. B. zu einer Demonstration gegen Kernkraftwerke versammeln zu dürfen, wenn man gleichzeitig selber es ist, der durch die eigene Unbewußtheit mit seinem Gelde am Aufbau dieser Werke mithilft?

13 (zu Seite 78)

So ist es z. B. in bezug auf die weltweiten Probleme der Schonung und des Schutzes unserer natürlichen Umwelt ohne weiteres einsichtig, daß für sie durch eine solche Besinnung auf die moralische und geistige Aufgabenstellung der in der materiellen Produktion Zusammenarbeitenden selbst am allerbesten gesorgt würde. Nur der echte Wille, diese Probleme immer besser zu bewältigen, und die dafür kompetente Sach- und Fachtüchtigkeit derer, die unmittelbar in dieser Produktion mitarbeiten, nicht aber von außen gesetzte Vorschriften alleine vermögen hier einen echten Fortschritt zu erbringen. Entsprechendes gilt für den ganzen Bereich der Nahrungsmittelerzeugung und -verarbeitung. Konkurrenzdruck wirtschaftlicher Art hat heute u. a. dazu geführt, durch teilweise unverantwortlich überhöhten Einsatz von Kunstdüngern und Insektiziden die Ernten zwar quantiativ erheblich zu verbessern, qualitativ, d. h. mit Bezug auf die menschliche Gesundheit, jedoch ebenso erheblich zu verschlechtern. Das gleiche gilt für die ganze Frage der sogenannten «Veredelung» von Nahrungsmitteln, von dem Gebrauch von Konservierungsstoffen usw. bis in die Art der Verpackung und Kennzeichnung hinein. Und ebensowenig wie auf dem Gebiet der Nahrungsmittelherstellung kann es beispielsweise von gesamtgesellschaftlichem Interesse sein, daß ein für die Gesundheit der Bevölkerung so wichtiges Gebiet wie das der Heilmittelherstellung durch wirtschaftliche Konkurrenz korrumpierbar wird. (Vgl. dazu Thomas Göbel 1973.)

14 (zu Seite 85)

Die Neigung, an einer Sprachregelung festzuhalten, die unter «Geistesleben» allein das *kulturelle* Werte schaffende Geistesleben, unter «Wirtschaftsleben» allein das auf *materielle* Güter bezogene Wirtschaftsleben versteht, hängt auch mit der unterschiedlichen Bewertung zusammen, welche die verschiedenartigen Produkte menschlicher Tätigkeit in finanzieller Hinsicht erfahren müssen, um die Gesundheit der Geldwährung zu garantieren. Das im Umlauf befindliche Geld muß in einem sozial sinnvollen Verhältnis zu den jeweils vorhandenen Bedarfsgütern, ja letzten Endes in einem solchen Verhältnis zu den vorhandenen Lebensmitteln stehen, wenn es gleichbleibend als Anweisung auf Lebensmittel und Bedarfsgüter gültig sein soll. Denn auch der kulturell Schaffende muß, insofern er Bedarfswesen ist, Geld als Anweisung auf materielle Güter und Produkte gebrauchen können. So richtig dies nun ist, so sehr darf dieses Richtige doch nicht den Blick dafür verstellen, daß materielle und kulturelle Leistungen *sozial* unter vollständig gleichen Bedingungen zustande kommen müssen: Auch die Produktion kultureller Güter ist sozial nur dann sinnvoll, wenn ein Bedarf für sie vorliegt; sie gehören daher ebenso wie die materiellen Güter, soweit ein Bedarf an ihnen vorliegt, dem Wirtschaftsleben an. Und andererseits vermögen auch die in der materiellen Produktion Tätigen nur etwas zustande zu bringen, wenn sie, wie in der kulturellen Produktion, die Fähigkeit dazu mitbringen und miteinander einzusetzen bereit sind. In sozialer Beziehung steht eben nicht die Währung, sondern das Miteinander von Menschen im Mittelpunkt der Aufmerksamkeit. Eine stabile Währung ist natürlich um dieses Miteinanders willen anzustreben; sie entsteht aber nicht dadurch, daß nun *Menschen* nach ihrer Bedeutung für die Erhaltung der Währungsstabilität eingeteilt werden, sondern nur durch die richtige Bewertung der von ihnen gemeinsam hervorgebrachten Gesamtheit aller *Produkte*. Sie erst vermag dem Geld seine Vermittlerrolle bei der Bedarfsbefriedigung zu garantieren, d. h. eine bedarfsbezogene Einkommensbildung ist in Wirklichkeit erst auf Grundlage einer solchen Währung möglich. Den mit ihr verbundenen Problemen hat Rudolf Steiner seinen 1922 gehaltenen «Nationalökonomischen Kurs» (GA 340) gewidmet.

15 (zu Seite 87)

Schon in seinem Aufruf «An das deutsche Volk und an die Kulturwelt» finden wir einen Hinweis Rudolf Steiners auf diesen Zusammenhang: «Der soziale Organismus ist gegliedert wie der natürliche. Und wie der natürliche Organismus das Denken durch den Kopf und nicht durch die Lunge besorgen muß, so ist dem sozialen Organismus die Gliederung in Systeme notwendig, von denen keines die Aufgabe des anderen übernehmen kann, jedes aber unter Wahrung seiner Selbständigkeit mit den anderen zusammenwirken muß.

Das wirtschaftliche Leben kann nur gedeihen, wenn es als selbständiges Glied des sozialen Organismus nach seinen eigenen Kräften und Gesetzen sich ausbildet, und wenn es nicht dadurch Verwirrung in sein Gefüge bringt, daß es sich von einem anderen Gliede des sozialen Organismus, dem politisch wirksamen, aufsaugen läßt. Dieses politisch wirksame Glied muß vielmehr in voller Selbständigkeit neben dem wirtschaftlichen bestehen, wie im natürlichen Organismus das Atmungssystem neben dem Kopfsystem. Ihr heilsames Zusammenwirken kann nicht dadurch erreicht werden, daß beide Glieder von einem einzigen Gesetzgebungs- und Verwaltungsorgan aus versorgt werden, sondern, daß jedes seine eigene Gesetzgebung und Verwaltung hat, die lebendig zusammenwirken. Denn das politische System muß die Wirtschaft vernichten, wenn es sie übernehmen will; und das wirtschaftliche System verliert seine Lebenskräfte, wenn es politisch werden will.

Zu diesen beiden Gliedern des sozialen Organismus muß, in voller Selbständigkeit und aus seinen eigenen Lebensmöglichkeiten heraus gebildet, ein drittes treten: das der geistigen Produktion, zu dem auch der geistige Anteil der beiden anderen Gebiete gehört, der ihnen von dem mit eigener gesetzmäßiger Regelung und Verwaltung ausgestatteten dritten Gliede überliefert werden muß, der aber nicht von ihnen verwaltet oder anders beeinflußt werden kann, als die nebeneinander bestehenden Gliedorganismen eines natürlichen Gesamtorganismus sich gegenseitig beeinflussen» (heute in GA 23, Anhang).

Zweierlei ist hierbei für unsere Betrachtung wichtig. Zum einen:

Nicht der soziale Organismus wird hier unmittelbar mit dem natürlichen verglichen, sondern die *Gliederungen* beider werden miteinander verglichen; bei beiden handelt es sich dabei nicht um irgendwelche «Trennungen», sondern um eine Gliederung in zwar zusammenwirkende, aber gegenüber einander relativ selbständige Systeme, deren keines die Aufgabe der anderen übernehmen kann; und bei beiden handelt es sich um Dreigliederungen. Zum anderen deutet Rudolf Steiner an: Innerhalb der sozialen Dreigliederung hat das Wirtschaftsleben denselben «Stellenwert» wie das Kopfsystem innerhalb der natürlichen Dreigliederung, das Rechtsleben aber wie das Atmungssystem. Obwohl Rudolf Steiner diesen Vergleich kurze Zeit später in seinen «Kernpunkten» noch eingehender dargelegt hat, indem diese Charakteristik durch den Hinweis auf die Ernährungs- und Bewegungsorgane als eines dritten Systems auch innerhalb des natürlichen Organismus vervollständigt wurde, ist in der Geschichte der Dreigliederung immer wieder der entgegengesetzte Gebrauch von ihm gemacht worden. Und dabei spielt wiederum die Vorliebe eine mißliche Rolle, das Wirtschaftsleben bloß als ein materielles, und entsprechend das Geistesleben lediglich als ein kulturelles vorzustellen. Denn was liegt dann näher als eben dieses Materielle mit dem Stoffwechselsystem, das Kulturelle aber mit dem Nerven-Sinnes-System des Kopfes in Parallele zu setzen – und so den von Rudolf Steiner gebrauchten Vergleich in sein Gegenteil zu verkehren.

Was Rudolf Steiner mit diesem Vergleich anstrebt, ist jedoch nicht ein irgendwie geartetes Analogiespiel, sondern nach seinen eigenen Worten das völlig andere: «daß das menschliche Denken, das menschliche Empfinden lerne, das Lebensmögliche an der Betrachtung des naturgemäßen Organismus zu empfinden, und dann diese Empfindungsweise anwenden könne auf den sozialen Organismus» (GA 23, 2. Kapitel). Worum also handelt es sich? Nicht darum, eine am natürlichen Organismus des Menschen kennengelernte Gliederung nun auf den sozialen Organismus zu «übertragen», sondern vielmehr darum, an der Betrachtung des natürlichen Organismus die Fähigkeit zu erwerben, auf einem ganz anderen Gebiete – dem der menschlichen Gesellschaft – Gliederungsnotwendigkeiten wahrzunehmen. Oder, in der Sprache des vorliegenden Entwurfes ausgedrückt: am Leben des natürlichen Organismus zu lernen, wie man das Leben des Gesellschaftsorganismus erkennen und gestalten lernt. Kurz: es handelt sich also darum, das Lernen zu lernen.

16 (zu Seite 88)

Dieser Begriff des sozialen Organismus ist es auch, der es gerechtfertigt erscheinen läßt, nicht nur in bezug auf die von Rudolf Steiner schon im Jahre 1906 dargelegte soziale Gesetzmäßigkeit, sondern auch in bezug auf die angeführten Gesetzmäßigkeiten des Wirtschafts-, Rechts- und Geisteslebens von *Haupt*gesetzen zu sprechen. Sie zeigen nicht allein den notwendigen Zusammenhang zwischen Ursache und Wirkung, Bedingung und Folge auf, sondern sie erlauben uns, Erkrankungs- und Gesundungsprozesse innerhalb dieses Organismus zu unterscheiden und zu beurteilen. Und darauf kommt es, was das Erkennen sozialer Vorgänge betrifft, vor allen Dingen an. Denn selbstverständlich gibt es, wie im natürlichen Organismus auch, sowohl bei Vorgängen eines kranken als auch bei Vorgängen eines gesunden Organismus keine Wirkung ohne die dazu gehörende Ursache, keine Folge ohne die ihr entsprechende Bedingung. Stets können wir also von einem vorhandenen Funktionszusammenhang sprechen. Die bloße Tatsache eines solchen sagt jedoch noch gar nichts darüber aus, ob es sich dabei um den Funktionszusammenhang eines gesunden oder eines kranken Organismus handelt. Krankheit besteht eben nicht in einem «Nichtfunktionieren» der Vorgänge eines Organismus, sondern in einem «Andersfunktionieren» dieser Vorgänge. So ist es auch beim Gesellschaftsorganismus. An dem bloßen Funktionieren gesellschaftlicher Vorgänge läßt sich mithin ein Urteil über Gesundheit und Krankheit noch nicht gewinnen. «Und das ist es, was zunächst hauptsächlich betont werden muß, daß, so wie die Menschen heute vor den durch die Wirklichkeit so brennend gewordenen sozialen Fragen stehen, ihnen eben durchaus fehlt die Möglichkeit, ein Urteil zu gewinnen, ob irgend etwas ein gesunder oder kranker Prozeß ist, ob irgend etwas gefördert werden muß oder geheilt werden muß. Deshalb, könnte man sagen, liegt eine solche Tragik über der modernen Menschheit, weil gerade dieser Unterschied, den ich eben annähernd charakterisiert habe, fehlt» (GA 188, 1. 2. 1919). Diese fehlende Möglichkeit ist es, welche die angeführten drei Hauptgesetze erschließen können.

17 (zu Seite 109)

Mit einem gewissen Recht kann gegenüber der Einfachheit der hier angeführten Beispiele auf die Kompliziertheit der heutigen durch die moderne Industriegesellschaft geprägten Verhältnisse hingewiesen werden. Und es kann innerhalb von Ausführungen über die soziale Frage selbstverständlich mit Recht erwartet werden, daß sie sich die Aufgabe stellen, gerade diese komplizierten Verhältnisse durchsichtig zu machen. Dennoch ist demgegenüber hier eine andere Aufgabenstellung ergriffen. Und diese eben bedarf zunächst einfacher und leicht zu überschauender Beispiele. Es handelt sich um die Aufgabe, darzustellen, auf welchem Wege die *Fähigkeit*, komplizierte Gegebenheiten sozial fruchtbar zu durchschauen, selber erworben werden kann. Denn noch mehr als auf die eingehende Darstellung der heutigen Gesellschaftsverhältnisse in Wort und Schrift kommt es gegenwärtig darauf an, die Fähigkeit zu entwikkeln, solche Darstellungen eigenständig zu erarbeiten. Ja, in Wirklichkeit wird sogar jede mündlich oder schriftlich gegebene Darlegung sozial nur so weit fruchtbar, als sie Hörer oder Leser findet, die bereits damit begonnen haben, sich selbst aktiv ein Bild der gegenwärtigem Verhältnisse zu machen. Und diese Aktivität ist weit weniger verbreitet, als man denkt, sonst gäbe es heute auf gesellschaftlichem Gebiete nicht so vielen ins Leere greifenden Aktionismus.

18 (zu Seite 114)

Die für ein echtes Durchschauen wirtschaftlicher Zusammenhänge geradezu auf dem Kopf stehenden Verhältnisse würden allmählich auf die Füße gestellt, wenn man an die Stelle des heute praktizierten Wirtschaftswachstums im Handeln von einem Wachstumsbegriff ausgehen würde, wie er an den im natürlichen Dasein des Menschen vorhandenen Wachstumsvorgängen ausgebildet werden kann. Dieser besagt, daß Wachstum beispielsweise nicht einfach auf einer Gewichts*vermehrung* beruht, sondern wesentlich darauf, daß auch die Gewichtsverhältnisse zwischen Kopf, Rumpf und Gliedmaßen sich so lange zugunsten der beiden letzteren verschieben, bis der leibliche Organismus sich sinnvoll in das Schwerefeld der Erde hineingestellt hat. Um sich geschickt in diesem Felde zu bewegen, ist beispielsweise der Kopf des Kleinkindes im Verhältnis zu den Gliedmaßen viel zu schwer. Ein brauchbares Werkzeug für den Menschen, sich optimal im Schwerefeld der Erde zu bewegen, vermag der menschliche Körper nur zu werden, wenn durch das Wachstum u. a. die angedeutete Verschiebung der Gewichtsverhältnisse stattfindet. Eine Zunahme des Gewichts über eine durch dieses Werkzeugwerden charakterisierte Grenze hinaus, deutet daher nicht auf einen gesunden, sondern auf einen kranken Organismus hin. Es ist einsichtig, daß sich Entsprechendes für die Größenverhältnisse des menschlichen Körpers sagen ließe. – In demselben Sinne muß auch in bezug auf wirtschaftliches Wachstum «Gesundheit» und «Krankheit» unterschieden werden. Wie der kindliche Organismus in den Umraum der Erde hineinwächst, nachdem er vor der Geburt in den bezüglich seiner Schwere- und Maßverhältnisse ganz anderen Umraum des mütterlichen Leibes hineingewachsen war, so ist es auch hier. Die Produktionskapazität eines Betriebes wächst nur dann gesund, wenn sie sinnvoll auf den Umraum des tatsächlich für die produzierten Güter vorhandenen Bedarfs zuwächst, ohne daß dieser durch Zurückdrängung der Konkurrenz usw. künstlich ausgeweitet wird. Unter dem Einfluß eines in wirtschaftliches Handeln umgesetzten, abstrakten – weil bloß auf das Kapital bezogenen – Vermehrungsbegriffes werden nur sinnlose Überkapazitäten aufgebaut, deren Krankheit sich, wie gegenwärtig, in wirtschaftlichen Zusammenbrüchen und damit ständig gefährdeten Arbeitsplätzen erweist.

19 (zu Seite 120)

Von den verschiedenen Formen mehr oder weniger friedlicher Demonstrationen über Hausbesetzungen bis zu revolutionären Umsturzversuchen und Bürgerkriegen haben wir es mit gesellschaftlichen Vorgängen zu tun, die großenteils aus dieser Verzweiflung genährt werden. Sie lenken jedoch – schon weil sie sich zumeist bloß *gegen* etwas wenden, statt *für* etwas einzutreten – den Menschen, der in ihren Sog hineingezogen wird, von den eigentlich produktiven Kräften einer künftigen Gesellschaftsentwicklung ab. Ihren Aktionen liegt fast immer die Fragestellung zugrunde: «Wer hat das (wogegen man sich wendet) getan?» Eine solche aber geht in der Regel an dem eigentlichen gesellschaftlichen Problem vorbei; denn sie sucht gewöhnlich «Sündenböcke» für etwas, was primär gar nicht mit bestimmten Menschen, sondern mit einer sozialen Arbeits- und Gestaltungsweise zusammenhängt, die auch alle anderen praktizieren. Eben mit Gewinnmaximierung, Machtausübung und Fremdbestimmung. Rudolf Steiner stellt der Frage: «Wer hat das getan?» daher die andere an die Seite: «Und wer hätte es verhindern können?» Diese aber fragt letztlich nach uns allen und macht darauf aufmerksam, daß hier die «Schuldfrage» – solange diese Art zu handeln gang und gäbe bleibt – unendlich viel komplizierter ist. Was wir brauchen, ist vor allem, daß an die Stelle der heute üblichen Arbeitsweise in Ost und West eine andere tritt, und nicht bloß, daß die bisherige nur von anderen Menschen ausgeführt wird. Denn allein eine neue soziale Arbeitsweise kann die gegeißelten Mißstände Schritt für Schritt unmöglich bzw. unnötig machen, und zwar durch sich selbst.

20 (zu Seite 125)

Zu einem befriedigenden Durchschauen dieser Zusammenhänge gehört allerdings die Anwendung eines neuartigen Geldbegriffes, der von einem differenzierten Umgang mit Geld her entwickelt werden kann. Wenn ich hundert Mark habe, so kann ich diese – als eine Anweisung auf von anderen erbrachte Waren und Dienstleistungen – zu meiner Bedarfsbefriedigung verwenden. Die Anweisung selber ist kein bloßer Bezugsschein für eine schon bestimmte Ware oder Dienstleistung, sondern durch sich selber völlig unbestimmt. Aber gerade deshalb bin ich noch frei, ihr eine Bestimmung zu erteilen. Und das tue ich, wenn ich sie dafür verwende, mir beispielsweise ein Kleidungsstück oder ein Buch, ein elektrisches Gerät oder ein Theaterabonnement zu erwerben. Dieses Geld ist nie im eigentlichen Sinne «für» das Kleidungsstück, das Buch usw., sondern für die Menschen bestimmt, die es jeweils hergestellt haben; aber meine Entscheidung, es in dieser oder jener, also in einer bestimmten Richtung zu verwenden, greift auch auf eine von mir mitbestimmte Weise in das gesamtgesellschaftliche Gefüge ein, indem es beispielsweise bewirkt, daß weitere Kleidungsstücke oder Bücher hergestellt werden. – Ein entgegengesetzter Umgang mit Geld besteht darin, die charakterisierte, für meine Kaufentscheidung offene Bestimmbarkeit der zur Rede stehenden hundert Mark auf jemand anderen zu übertragen, wie das etwa dann geschieht, wenn ich sie diesem schenke. Denn so, wie Geld als Anweisung für von anderen erbrachte Waren und Dienstleistungen noch völlig unbestimmt läßt, für welche Waren und Dienstleistungen es eingelöst wird, so läßt es auch noch unbestimmt, wer es einlöst. Seine für ganz unterschiedliche Kaufentscheidungen offene Bestimmbarkeit ist also auch dafür offen, daß ich diese Entscheidung gar nicht selber treffe, sondern die Möglichkeit dazu weitergebe oder – wie bei der Steuer – weiterzugeben genötigt werde. – Schließlich kann ich auch, und darin liegt die dritte Möglichkeit mit der gemeinten Geldsumme umzugehen, die für eine Entscheidung offene Bestimmbarkeit nur zeitweise – also befristet – auf jemand anderen übertragen. Das geschieht, wenn ich sie ihm leihe. Er erhält dadurch das Recht, für eine zu vereinbarende Zeit über die Verwendung dieses Geldes zu entscheiden, übernimmt aber auch die Pflicht, nach der vereinbarten Zeit mich durch Rückzahlung wieder in die Lage zu versetzen, selber entsprechende Entscheidungen zu treffen.

Der Begriff des Geldes umfaßt daher eine für mindestens drei Arten von Entscheidung offene Bestimmbarkeit: für die Kaufentscheidung, für die Entscheidung zu einer Übertragung an andere auf Zeit und für die einer endgültigen Übertragung auf andere. (Vgl. zu einer solchen Differenzierung des Geldbegriffes auch GA 340.) Einkommenserteilung ist nun seinem Wesen nach weder eine Kaufentscheidung noch eine Übertragung dieser Entscheidungsoffenheit auf Zeit wie beim Leihen, sondern eine entgültige Übertragung, wie sie beispielsweise auch beim Schenken geschieht. Sie ist einer vertragsmäßigen Schenkung ähnlich. Das ist außerordentlich wichtig. Denn eben dadurch versetzt sie den Menschen in die Lage, seine Arbeitskraft nicht als Ware behandeln, d. h. verkaufen zu müssen. Diese wird vielmehr einer freien Vertragsgestaltung im Sinne eines reinen Arbeitsvertrages zugänglich.

21 (zu Seite 130)

Um eine solche Öffnung gegenüber den Anliegen anderer handelte es sich, wenn die anthroposophischen Banken in Bochum bis zum Jahre 1982 an die Gewährung eines Darlehens die Voraussetzung knüpften, durch Mitgliedschaft mit mindestens einem Genossenschaftsanteil die Arbeit der Bank zu fördern. Das aber heißt: Es wurde vorausgesetzt, daß der Darlehensnehmer über seinem eigenen Anliegen nicht vergißt, mit dafür Sorge zu tragen, daß eine solche gemeinnützige Bankarbeit auch anderen zur Verfügung steht. Wenn inzwischen die entsprechende Bestimmung gestrichen wurde und heute auch Nichtmitglieder Darlehen erhalten können, so u. a. deswegen, weil die vorausgesetzte Erweiterung des Blickfeldes über die selbst ergriffenen Angelegenheiten hinaus naturgemäß erst allmählich eintritt, während eine von Anfang an eingegangene Mitgliedschaft u. U. zur bloßen Formsache zu werden droht. Durch das mit dieser Erweiterung verbundene aktive Verständnis für das Wollen anderer entsteht gleichzeitig auch das sozial tragfähigste Motiv, seine gegenüber der Bank übernommenen Verpflichtungen (fristgemäße Rückzahlung, vertragsgemäße Entrichtung der Zinsen bzw. der Verwaltungsumlage) zu erfüllen. Denn in Wirklichkeit gibt ja nicht das Institut «Bank» diese Darlehen aus, sondern die in der Bank zusammengeschlossenen Mitglieder und Kunden leihen sich gegenseitig, was sie eine kürzere oder längere

Zeit lang für ihren Eigenbedarf nicht brauchen. Sie selbst sind die eigentliche Bank; das Institut Bank ist lediglich das in ihrem Auftrag arbeitende und von ihnen unterhaltene Dienstleistungsorgan. Diese Gegenseitigkeit wird um so realer, je mehr jene Bewußtseinserweiterung über das selbst ergriffene Anliegen hinaus Platz greift. Sie immerfort anzuregen ist daher auch die eigentliche Aufgabe der von diesen Banken betriebenen Öffentlichkeitsarbeit – so beispielsweise durch den seit 1980 erscheinenden Bankspiegel – und nicht etwa eine Werbung im heute üblichen Sinne.

22 (zu Seite 139)

Wenn es beispielsweise richtig ist, daß – statistisch gesehen – auf der ganzen Erde gegenwärtig alle zwei Sekunden ein Kind an Hunger oder mangelnder medizinischer Versorgung stirbt, so liegt dies daran, daß u. a. die finanziellen Mittel, um dies zu ändern, deshalb nicht zur Verfügung stehen, weil sie zu Machtzwecken mißbraucht werden. Was etwa in der Rüstungsfrage überdeutlich ist, so daß wir uns hier jedes weitere Wort darüber sparen können, gilt ebenso für die Bereitstellung jener «Waffenarsenale», die für den Kampf um Märkte aus Gründen wirtschaftlicher Konkurrenz verwendet werden. Und letztlich gilt dies überall, wo der einzelne auf dem Wege des Arbeits-, Kapital- und Bodenmarktes denjenigen Teil seines Einkommens, den er zu seiner Bedarfsbefriedigung nicht braucht, zum Aufbau einer Machtposition verwendet und dadurch mit oder ohne seine Absicht andere Menschen dazu zwingt, unter den von ihm mitgeschaffenen Bedingungen zu leben – oder eben zu verhungern.

23 (zu Seite 146)

In seinem Aufsatz «Gedankenschein und Wirtschaftswirklichkeit» beschreibt Albert Fink intensiv diese Situation, wenn er beispielsweise sagt: «Der Physiker kann eine gegebene Erscheinungswelt beobachten und die aus ihr abstrahierten Beobachtungsresultate aufeinander beziehen, um zu Gesetzen, Theorien zu kommen. Aus dem (u. a. an Phänomenen des Marktes) Geschilderten können wir aber erkennen, daß der Volkswirtschaftler offensichtlich den umgekehrten Weg einschlägt. Er bildet die Gesetze und Theorien und überträgt diese auf die wirtschaftliche Erscheinungswelt. Er projiziert mit anderen Worten seine Gedankenresultate in die Wahrnehmungswelt ... Der Naturwissenschaftler kann sich bei einem falsch aufgestellten Gesetz an der Naturerscheinung korrigieren, der Sozialwissenschaftler nicht ... Der Mensch kann (in der Sozialwissenschaft) in zunehmenden Maße nur noch das denken, was in die äußeren Prozesse schon hineingedacht wurde.» Das aber hat auch Folgen für unser Wollen und Handeln: «Schauen wir in unsere soziale Umwelt, kommen uns die vorgeprägten Gedanken entgegen. Es ist kein Platz mehr für unser Wirken, da die Geschehnisse unabhängig von uns, mechanisch, wie Naturgesetze, ablaufen. Nach innen und außen sind wir eingekerkert, fallen mit unserem Wesen in ein Wesenloses, sowohl mit unserem Denken als mit unserem Wollen. Das ist die furchtbare innere und äußere Situation, in der der heutige Mensch insbesondere im Wirtschaftsleben steht.» Was in der sozialen Welt, während wir auf diese doppelte Scheinwelt fixiert sind, in Wirklichkeit geschieht, bleibt uns gewöhnlich verborgen. So etwa beim Sparen: «Wir leben in dem Schein, daß ja das angesammelte Sparkapital auf der Bank liegt und dieses angesammelte Geld für uns verfügbar ist. Unser Bewußtsein in bezug auf das Wirken dieser Geldmenge ist vollkommen dunkel. Wir haben zwar als Subjekt noch eine gewisse abstrakte Beziehung zu diesem Sparkapital ... Objektiv mit Bezug auf die soziale Umwelt geben wir (jedoch) alle Beziehungen auf. Wir überlassen das Geld dem Geldmechanismus. Unser Bewußtsein erlischt in dem Augenblick, in dem das Geld oder das Guthaben in die Verfügung der Bank gerät ... Wir lassen uns gewissermaßen die Gesetze unseres Handelns aus der Hand nehmen und machen uns zu willenlosen Subjekten, die sich dem Schein oder auch den scheinbaren Gesetzen der Geldwirtschaft unterwerfen» (Albert Fink 1980).

Was läßt sich daraus für unsere Situation lernen? Albert Fink hat seine Ausführungen mit einem Zitat von Maynard Keynes begonnen: «Die Ideen der Nationalökonomen und der politischen Philosophen, gleichgültig, ob sie nun richtig oder falsch sind, sind von weit größerem Einfluß, als man gemeinhin annimmt. In Wirklichkeit wird die Welt von fast nichts anderem regiert. Praktiker, die sich frei jeglichen intellektuellen Einflusses wähnen, sind gewöhnlich die Sklaven irgendeines verstorbenen Nationalökonomen. Verrückte Politiker, die Stimmen in der Luft hören, beziehen ihren Wahnsinn meist von irgendeinem akademischen Tintenkleckser früherer Jahre. Ich bin sicher, daß die Macht der Interessengruppen bei weitem übertrieben wird, verglichen mit dem Mißbrauch, der immer wieder mit Ideen getrieben wird.» Es reicht also nicht aus, sich kräftig einzubilden, daß man ja schon voll in der sozialen Wirklichkeit drinnenstehe, wenn man sich nur «rein pragmatisch» verhalte und es ablehne, sich irgendwelche Gedanken über sie zu bilden. Notwendig ist vielmehr sich *andere* Gedanken zu bilden als jene, durch die sich der Mensch, werden sie der sozialen Welt eingeprägt, in Wirklichkeit sogleich aus dieser Welt ausschaltet. Von solchen Gedanken wollte der vorliegende Entwurf ausgehen, indem er die aufgezeigten Hauptgesetze des sozialen Lebens an den Beginn dieser Ausführungen stellte. Denn sie beziehen – so oder so – den Menschen von Anfang an als Handelnden mit ein.

24 (zu Seite 149)

Wenn Rudolf Steiner in seinem letzten öffentlichen Vortrag über soziale Frage innerhalb des deutschen Sprachraumes von seinem Buch «Die Kernpunkte der sozialen Frage» sagt: «Meine Schrift war gewissermaßen als ein Appell nicht an das Denken über allerlei Einrichtungen, sondern als einen Appell an die unmittelbare Menschennatur gemeint», so bezieht er dabei die Aufgabenstellung mit ein, den Menschen als ein *werdendes* Wesen zu erfassen. Der Mensch entwickelt sich von der traditionsgebundenen Sozialität längst vergangener Zeiten über die Antisozialität der Gegenwart zu einer neuen, heute aber schon keimhaft veranlagten Sozialität. Der antisoziale Charakter der Gegenwart hat auf der einen Seite die tradierten Gemeinschaftsformen zerstört, auf der anderen jedoch die Selbständigkeit der einzelnen Persönlichkeit gefördert. Unmittelbar in dieser aber keimt, was bei sachgemäßer Pflege zu neuen Gesellschaftsformen führen kann. Solche Formen entwickeln sich jedoch nur, wenn der einzelne Mensch bewußt an ihrer Entwicklung mitarbeitet. Was wir heute brauchen, ist daher ein zum Schulungsweg werdendes Wissen vom Menschen als einem sozialen und antisozialen Wesen. In der Erforschung und Ausarbeitung einer solchen «sozialen Menschenkunde», wie sie in einigen ihrer wichtigsten Elemente auch diesem Entwurf zugrunde liegt, muß daher eine der vordringlichsten Gegenwartsaufgaben auf dem Gebiet der Gesellschaftswissenschaft gesehen werden. (Vgl. dazu auch Christof Lindenau 1976, [1]1977, [2]1977, 1978, 1983.)

Literaturnachweis

Werke Rudolf Steiners

Die Abkürzung GA mit nachfolgender Nummer bezeichnet den betreffenden Band der in Dornach/Schweiz erschienenen Gesamtausgabe.

GA 4	Die Philosophie der Freiheit (1894), 1918.
GA 23	Die Kernpunkte der sozialen Frage in den Lebensnotwendigkeiten der Gegenwart und Zukunft (1919), 1920.
GA 24	In Ausführung der Dreigliederung des sozialen Organismus, 1920.
GA 34	Luzifer-Gnosis, 1903–1908.
GA 37	Das lebendige Wesen der Anthroposophie und seine Pflege, 1902–1925.
GA 79	Die Wirklichkeit der höheren Welten, 1921.
GA 83	Westliche und östliche Weltgegensätzlichkeit, 1922.
GA 185a	Entwicklungsgeschichtliche Unterlagen zur Bildung eines sozialen Urteils, 1918.
GA 186	In geänderter Zeitlage – Die sozialen Grundforderungen unserer Zeit, 1918.
GA 188	Der Goetheanismus, ein Menschen-Umwandlungsimpuls und Auferstehungsgedanke, 1919.
GA 189	Die soziale Frage als Bewußtseinsfrage, 1919.
GA 190	Vergangenheits- und Zukunftsimpulse im sozialen Geschehen, 1919.
GA 192	Geisteswissenschaftliche Behandlung sozialer und pädagogischer Fragen, 1919.
GA 305	Die geistig-seelischen Grundkräfte der Erziehungskunst, 1922.
GA 306	Die pädagogische Praxis vom Gesichtspunkt geisteswissenschaftlicher Menschenerkenntnis. Die Erziehung des Kindes und des jüngeren Menschen, 1923.
GA 328	Soziale Frage – Soziale Zukunft, 1919.
GA 330	Die Neugestaltung des sozialen Organismus, 1919.
GA 336	Die großen Fragen der Zeit und die anthroposophische

Geist-Erkenntnis, 1920. (Zitiert nach Roman Boos: Die Assoziationen der Wirtschaft. Studienmaterial zur Sozialwissenschaft, Heft 3/4. Dornach 1936. Auch abgedruckt, in etwas anderem Wortlaut, in: Blätter für Anthroposophie Nr. 18, 1966, Heft 3 und 4.)

GA 338 Wie wirkt man für den Impuls der Dreigliederung des sozialen Organismus, 1921.

GA 340 Nationalökonomischer Kurs, 1922.

GA 341 Nationalökonomisches Seminar, 1922.

Bücher und Aufsätze anderer Autoren

Bankspiegel: Seit 1980 herausgegeben von der GLS Gemeinschaftsbank e. G., der Gemeinnützigen Treuhandstelle e. V. und der Gemeinnützigen Kredit-Garantiegenossenschaft e. G. in Bochum.

Martin Barkhoff: Alternativszene und Dreigliederung – Dorf und City. Siehe Giese 1980.

Wilhelm Ernst Barkhoff (1973): Gemeinnützigkeit und Bankwesen.

(1980): Biologisch-dynamische Landwirtschaft in Assoziationen – ein Angebot.
Beide Aufsätze erschienen in: Die Drei. Zeitschrift für Wissenschaft, Kunst und soziales Leben, Stuttgart.

A. H. Bos (1976): Gesellschaftsstrukturen in Bewegung. Soziale Dreigliederung in Theorie und Praxis, Achberg (gemeinsam mit D. Brüll und A. C. Henny, ins Deutsche übersetzt von I. M. ten Siethoff-Schwerk und D. Brüll).

D. Brüll (1976): Gesellschaftsstrukturen in Bewegung. Siehe unter A. H. Bos.

Albert Fink (1980): Gedankenschein und Wirtschaftswirklichkeit. Der Aufsatz erschien in: Beiträge zur Dreigliederung des sozialen Organismus, Berlin (Heft 33).

Erhard Fucke (1977): Mehr Chancen durch Mehrfachqualifikationen. Reportagen, Analysen, Organisationsmodelle, Stuttgart.

Reinhard Giese (Hrsg.) (1980): Sozial handeln – aus der Erkenntnis des sozial Ganzen. Soziale Dreigliederung heute, Rabel.

Thomas Göbel (1973): Arzneimittelgesetz – Absichten und Folgen. Der Aufsatz erschien in: Die Drei. Zeitschrift für Wissenschaft, Kunst und soziales Leben, Stuttgart.

A. C. Henny (1976): Gesellschaftsstrukturen in Bewegung. Siehe unter A. H. Bos.

Rolf Kerler (1973): Sparen und Leihen.
Der Aufsatz erschien in: Die Drei. Zeitschrift für Wissenschaft, Kunst und soziales Leben, Stuttgart.

Stefan Leber (1974): Die Sozialgestalt der Waldorfschule – Ein Beitrag zu den sozialwissenschaftlichen Anschauungen Rudolf Steiners, Stuttgart.

(1977): Der Mensch in der Gesellschaft – Die Dreigliederung des sozialen Organismus als Urbild und Aufgabe, Stuttgart (ein von S. Leber herausgegebener Sammelband).

(1978): Selbstverwirklichung, Mündigkeit, Sozialität – Eine Einführung in die Idee der Dreigliederung des sozialen Organismus, Stuttgart.

Christof Lindenau (1976): Menschenbegegnung als soziales Urphänomen.

(1977): Wie wir durch unsere Menschennatur mit anderen Menschen verbunden sind.

(1978): Meditativ erarbeitete Menschenkunde und soziale Dreigliederung.
Diese drei Aufsätze sind erschienen in der Wochenschrift: Das Goetheanum, Dornach/Schweiz.

(^{2}1977): Menschennatur und soziale Dreigliederung.
Der Aufsatz erschien in: Beiträge zur Dreigliederung des sozialen Organismus, Bochum (Heft 31).

(1983): Die Keimkräfte der sozialen Dreigliederung und ihre Pflege, Bad Liebenzell.

Wilhelm Schmundt (1982): Erkenntnisübungen zur Dreigliederung des sozialen Organismus – Durch Revolution der Begriffe zur Evolution der Gesellschaft, Achberg.

Hans Georg Schweppenhäuser (1970): Macht des Eigentumes – Auf dem Weg in eine neue soziale Zukunft, Stuttgart (hier zitiert nach S. Leber 1977, Neue Wirtschaftsordnung – Skizze der Assoziationen).

Christof Lindenau

Der übende Mensch

Anthroposophie-Studium als Ausgangspunkt moderner Geistesschulung

2. erweiterte Auflage, 128 Seiten, kartoniert.

«Zu einer Weltsicht den Weg zu finden, welche die materiellen und die geistigen Daseinsbereiche der Wirklichkeit in gleicher Weise umfaßt, dazu wollen die Veröffentlichungen Rudolf Steiners dem suchenden Menschen helfen. Einer solchen Aufgabe vermögen sie allerdings erst dann zu genügen, wenn der aus dieser Weltsicht geborene, im aufgeschriebenen und gedruckten Text jedoch erstorbene Gedanke im Innern des lesenden Menschen wiederbelebt wird; wenn es nicht beim Lesen alleine bleibt, sondern sich Leser finden, die aus eigener Aktivität denkend verarbeiten, womit sie sich zunächst durch Lektüre bekannt gemacht haben; und wenn dadurch etwas im Menschen ersteht, was durch sich selbst immer mehr zu einer Verwandlung seines Urteilens, seines Handelns und Lebens und schließlich des gesamten Erdendaseins führt . . .
Der Grundstein zu dieser Zukunft ist, mit einem Worte Rudolf Steiners ausgesprochen, *der Wille, durch menschliche Seelenvertiefung den Weg zum Anschauen des Geistes und zum Leben aus dem Geiste zu finden.* Im Studium der Geisteswissenschaft können wir beginnen, diesen Willen zu betätigen. Ihn immer kraftvoller der geistigen Welt und den Wesen in ihr, die den Menschen in eine menschenwürdige Zukunft führen wollen, entgegenzubringen, kann als die wichtigste Aufgabe der Gegenwart empfunden werden.» *(Chr. Lindenau)*

Christof Lindenau entwickelt in seinem Buch einen in jahrelanger Praxis erfahrenen Übungsweg zur schöpferischen Aneignung geisteswissenschaftlicher Inhalte. Das Besondere seiner Darstellung beruht auf der Entdeckung, daß sich das Menschenbild der Anthroposophie nicht in ein weltanschauliches System einschränken läßt. Es erschließt sich dem erkennenden Bewußtsein als ein dynamischer Weg der Klärung und Vertiefung. Wir erfahren uns durch diese «Menschenkunde des denkenden Menschen» als ein fortschreitend sich entwikkelndes Wesen.

Inhalt: Der denkende Mensch – menschenkundlich betrachtet · Das Studium als erste Stufe des geisteswissenschaftlichen Schulungsweges · Praktische Übungen zum Studium der Anthroposophie · Schwellensituationen · Auf dem Wege zu einer übenden Gestaltung des gemeinsamen Studiums · Die ätherische Denkorganisation als Brücke in die übersinnliche Welt · Der menschliche Astralleib in Wachen und Schlafen · Die Entwicklung des Ich durch wiederholte Erdenleben · Vom dreigegliederten Seelenwesen des Menschen · Erlebnisse des Ätherleibes in Vergangenheit, Gegenwart und Zukunft · Studium und Gespräch · Gesellschaftsbildung aus Anthroposophie · Anfänge geistiger Forschung · Menschliche Freiheit und spirituelle Aktivität.

Beiträge zur Anthroposophie

Der Mensch in der Gesellschaft

Die Dreigliederung des sozialen Organismus als Urbild und Aufgabe. Herausgegeben von STEFAN LEBER. 191 Seiten, kartoniert.

Mit diesem Sammelband soll ein Zugang zur sozialwissenschaftlichen Thematik im Werk Rudolf Steiners vermittelt und die Spannweite der Ideenbildung der Dreigliederung des sozialen Organismus verdeutlicht werden. Dabei kommt es bei gleicher Aufgabenstellung durchaus zu unterschiedlichen Antworten und Lösungsvorschlägen oder verschiedenen methodischen Weisen im Vorgehen. Diese Spannung der verschiedenen Ansätze ist gewollt – in der Vielseitigkeit sowohl der Thematik als auch der Methodik steckt für den Leser ein besonderer Reiz. Die Schwerpunkte dieses Bandes liegen bei Wirtschafts- und Ordnungsfragen.
Inhalt: Chr. Lindenberg: Demokratie als Problem / Die Mitte des sozialen Organismus / D. Spitta: Privatrecht – Öffentliches Recht – Strafrecht / B. Hardorp: Elemente einer sozialen Baukunst. Ein Beitrag zum Unternehmensverständnis / W. Schmundt: Die Zeit und ihre sozialen Forderungen / H. Eckhoff: Das assoziative Wirtschaftsleben / H. Wilken: Die Problematik des modernen Wirtschaftslebens / H. G. Schweppenhäuser: Bemerkungen zu einer organischen Geldordnung / Neue Wirtschaftsordnung – Skizze der Assoziationen.

Selbstverwirklichung – Mündigkeit – Sozialität

Eine Einführung in die Idee der Dreigliederung des sozialen Organismus. Von STEFAN LEBER. 319 Seiten, kartoniert.

Die von Rudolf Steiner im Jahre 1919 formulierte Idee einer Dreigliederung des sozialen Organismus ist zwar politisch nicht wirksam geworden, ist aber in ihrer konzeptionellen Bedeutung voll erhalten geblieben: Zum ersten Mal in der Geschichte der gesellschaftlichen Entwicklungen seit der Französischen Revolution ist hier die Darstellung einer neuen Gesellschaftsordnung geleistet worden, die ihre Argumente aus einer höheren, ideologiefreien Einsicht in die menschliche Natur bezieht. Obwohl in der Praxis zahlreiche Einrichtungen aus den Intentionen der Steinerschen Soziallehre entstanden sind und sich auch in einer umfangreichen Literatur niedergeschlagen haben, fehlte bisher eine systematische Gesamtdarstellung.
Stefan Leber hat sich dieser Aufgabe unterzogen. Sein Buch gibt nicht nur die längst fällige Einführung, sondern verbindet die sozialwissenschaftlichen Anschauungen Rudolf Steiners mit der konkreten politischen Situation in den drei Bereichen des Rechtslebens, der Wirtschaft und des Geisteslebens.